獻給斯科特（Scott）——

因為他是一個屬神的男人，

也因為他看見在我裏面屬神的美麗。

真　善　美　叢　書

誰叫我美麗

認識神眼中的你

理賈娜．富蘭克林　著
郭靈飛　譯

基道出版社

▼

真善美叢書

誰叫我美麗

認識神眼中的你

Who Calls Me Beautiful?

Finding Our True Image in the Mirror of God

作者
理賈娜．富蘭克林 Regina Franklin

譯者
郭靈飛

審閱
李慧儀、羅慧琪

責任編輯
羅慧琪

裝幀設計
奇文雲海

■

出版／發行
基道出版社
香港沙田火炭坳背灣街26號富騰工業中心1011室
LOGOS PUBLISHERS
Unit 1011, Fo Tan Ind. Centre, 26 Au Pui Wan St., Shatin, Hong Kong
電話：(852) 2687-0331　傳真：(852) 2687-0281
網址：http://www.logos.com.hk

承印
海洋印務有限公司

●

5/2008 初版
Cat. No. LP757
ISBN: 978-962-457-355-8

刷次	10	9	8	7	6	5	4	3	2	1
年份	2017	2016	2015	2014	2013	2012	2011	2010	2009	2008

目錄

1 屬世的美麗

小時候，我被選美活動中對魅力的描寫迷住了。我想像自己像電視螢光幕上的女人一樣跳舞唱歌。我很希望能夠成為他們當中的一個。

每個小女孩都會想像自己是自我表演中的明星，是她自己王國中的公主。這些童年的夢想深深藏在我們裏面。直到人生的某一點，我們學會分辨現實與幻想。

然而，基於某些原因，在童年之後，關於美麗的神話仍然會繼續存留很長的時間。我們對這美麗公主的神話所存的幻想，特別會產生問題，因為它將簡單的人物描述，轉化成為主要的主題。肉體的美麗成為生命故事的信息，不僅是一些細節。在那些描述堅定愛情的故事中，主角冒險拯救他所愛的人。但現在這些故事已經淪落到一個地步，是關於那些少女值得被拯救，只是因為她們特別美麗。這肯定不是傳達命中注定的信息。這肯定不是傳達盼望的信息。然而，我們每一天所身處的世界都告訴我們，肉體的美麗在潮流文化的國度中掌權。

諷刺的是，女人能夠發現和抗拒一九五〇年代瓊·克利弗（June Cleaver）的道德完美觀幻想，但卻渴求要達成肉體完美的幻想，無論這個幻想是多麼不可能達到。

我們甚少仰慕那些棲身於荷里活的人的演技。我們的眼目集中在他們闊步走過紅地毯時的魅力。我們說服自己，快樂和成功是惟獨獎賞給那些獲得美麗的人。

廣告附帶著難以捉摸的承諾，保證消費者可以得到一個更纖瘦、更新、更好的自己。無論我在剪贈券、閱讀報章，或者是在網上尋索資料，我都受到這些廣告衝擊。從商業廣告到處境喜劇，纖瘦的身體支配了電視的電波。

青年文化專家沃爾特·米勒（Walt Mueller），在他的文章〈你所見到的就是我的本相〉（"What You See Is What I Am"）中寫道：

> 我們整個文化——不管是在兒童或成年人當中——的生活方式都在尖叫著：「我的外貌就是我的本相。」我們逛任何商場時，都可以證實這個事實。

你是否留意有多少的商店、廣告，以及商品，是為了改善人的形象和外貌而設的呢？[1]

美髮產品承諾給捲髮更有彈性，不想要捲髮的，也可以把它拉直。護膚產品承諾給年輕人有完美無瑕的皮膚，使年紀大的人皮膚無皺紋。我們都陷入對自我的不滿意。

每一天，我們都要面對這些文化裏的完美化身的衝擊。這些形象慢慢地成為我們的現實。我們再看不見這些形象是為了銷售產品而創造的。為要得到世界的接納，我們用盡一切的方法，使自己擁有世界認為我們該有的模樣。從無盡的節食計劃到徹底的整容手術；從潤膚霜到藥丸；從衣服到鞋子，我們努力要改造自己，以符合世界的完美形象。我們停不了這種無用的追求，便成為史提芬．葛倫（Stephen Crane）詩中那個人一樣：

我看見一個人在追逐地平線；
它們一圈接一圈迅速前行。
我為此感到困擾；
我跟這人搭訕說：「這樣做是沒用的，」
「你永遠不能夠——」

他呼喊說：「你撒謊。」

然後，繼續奔走。[2]

持續的情感空虛告訴我們，我們的存在不僅僅是屬肉體的。它強調我們的價值來源，是遠超過肉體的外貌。然而，我們未能滿足我們的渴望。這就說服我們，那個能夠使我們擁有更多的承諾，只是一個謊言。於是，我們還要繼續奔走下去。

即使我們能夠接近美麗的文化標準，這些定義也是會改變的。瑪莉．派佛（Mary Pipher）在她的書《拯救奧菲莉亞》（*Reviving Ophelia*）中寫道：

> 美好的外貌總是重要的，但現在要獲得它，是更加困難了……。美麗的標準比以前更加嚴格。在過去年間，美國小姐變得愈來愈高挑和纖瘦了。在一九五一年，瑞典小姐的高度是五尺七寸，體重是一百五十一磅。在一九八三年，瑞典小姐的高度是五尺九寸，體重是一百〇九磅。當美麗的女性愈來愈纖瘦的同時，一般的女性卻比五十年代更加重了。於是，真實的情況與理想標準的距離愈來愈遠。[3]

派佛深切地關注文化對女性的描繪。她也認為我們必須要認識，在美麗的文化標準中的「人工化」情況：

> 被文化所接納的美麗，只能夠運用很多的人工方法來達到。現在我們所看到的美麗女性的照片，是必須經過修剪、採用某些拍攝角度，以及剪裁身體部分等技術。即使是明星也需要付出極大的代價，才可以達到我們文化的理想。[4]

帕特理夏．希頓（Patricia Heaton）是趣劇《眾人都愛雷蒙德》（*Everybody Loves Raymond*）中的一個演員。她扮演一個平凡的家庭主婦黛布拉．巴龍（Debra Barone）。然而，她的身材卻絕對不平凡。當希頓接受作家亞歷克斯．威徹爾（Alex Witchel）的訪問時，她坦然地談論她被廣泛宣傳的塑料外科手術。這個手術「包括了收緊腹部（她說這是十分需要的，因為她的四個兒子都是剖腹產的），以及隆胸」。這個例子表明傳媒對人工化美麗的著迷。並且似乎為了要說明希頓的抉擇是合理的，威徹爾指出：「她真的很好看，纖瘦而且結實。」

在採訪的後部分，希頓一邊談論她好幾次的手術，一邊「從她的手袋中取出一個細小的塑料袋，上面的標纖寫著『午餐』，裏面裝滿了藥丸和膠囊。她說：『這種草藥可以幫助消除身體的脂肪，另一種藥丸是壓抑食慾的』」。[5]

希頓承認她的經歷是與一般女性不同，她自己透過追求身體的完美，不斷地持守這個不可以達到的理想。同時，她又在電視中，繼續扮演一個普通的家庭主婦角色。因此，娛樂事業所傳達的信息是有矛盾的。它聲稱是描繪普通的女性，但卻呈現文化中完美女人的理想。

女性努力地按著潮流文化的美麗標準，來塑造自己的生活，連基督徒女性也不例外。我們全神貫注在外表的吸引力。我們維護世界的美麗標準，超過神的標準。我們反映世界的價值觀。但耶穌說，我們雖然仍然活在世界中，但卻不屬於這世界。

> 我不求你叫他們離開世界，只求你保守他們脫離那惡者。他們不屬世界，正如我不屬世界一樣。（約十七15～16）

但我們不屬於世界的哪一個部分呢？

聖經給我們的答案是：「因為，凡世界上的事，就像肉體的情慾、眼目的情慾，並今生的驕傲，都不是從

父來的，乃是從世界來的。」（約壹二16）

肉體的情慾

當我們快速地翻閱大部分的女性雜誌，便會發現我們社會的焦點，無論是在文字表達方面，或在象徵的意義上，都是集中於肉體的。在推銷一切商品時，包括從汽車到糖果，女性的面貌和身材也主導了市場的競爭。那信息是甚麼呢？就是：美麗等於滿足。

當夏娃見到分辨善惡樹上的果子，她認為它是「好作食物」（創三6）的。雖然神已經警告他們，吃了這樹的果子必招致靈性的損毀，但夏娃仍然堅持要滿足她肉體的私慾。

從那個時候開始，撒但就把使人滿足的果子的錯覺，放在我們面前。但是，我們去吃這樣的果子，便等於切斷我們與神的相交，因為我們藉以存活和得滿足的，「**乃是靠神口裏所出的一切話**」（太四4下）。

眼目的情慾

《聖經新釋》（*The New Bible Commentary*）把眼目

的情慾定義為一種「對所看見的事物的外表形式，產生強烈的渴望。這是對膚淺事物的慾望」。[6]

撒但在第二次試探耶穌時，催促祂從殿的最頂點跳下去（太四6），以驗證聖經曾說過的話：「因他要為你吩咐他的使者……他們要用手托著你，免得你的腳碰在石頭上。」（詩九十一11～12）

神賜下這些話語，是作為一個持久供應和保護的應許。然而，撒但卻希望耶穌支取這個應許，來助長他的目標，而不是神的目標。撒但想濫用神聖保護的恩賜，把榮耀歸給自己。

撒但也用差不多相同的方式，濫用神給我們身體的恩賜，達到他自己的目的，而不是神的目標。

我們活在一個視覺的文化中——影像會引起我們的反應。當我努力要達到世界的美麗標準時，我們的身體便成為一些影像，在我們和別人裏面挑起慾望的反應。當我們按著世界的形象來模造自己，我們便是拿神創造出來作祂榮耀的器皿的創造物，來榮耀自己、滿足自己得人讚賞的慾望。

我們努力追求美麗的面容和身材，甚少是因為我們渴望要更準確地反映基督的身體。相反，這些慾望是源自要令自己「悅人的眼目」（創三6）。

世界的美麗是達到目的的一個手法。它是要在神以外，得到別人對我們有正面回應的一個途徑。然而，我們是照著神的形象造的，我們要用我們的身體，作神國度的見證。

今生的驕傲

耶穌所受的第三個試探，也是最後一個試探，撒但在其中給耶穌一個建議，只要耶穌敬拜他，他便會給耶穌「萬國和萬國的榮華」（太四8～9）。

撒但給女性的提議也是差不多。「你跪拜美麗的神，我就給你權力。」

女性渴望美麗，因為世界說美麗可以帶來權力和操控。就像小女孩相信選美活動慶典中的假象一樣，我們也相信，那些看來完美的女性，已經得到操控自己和別人的權力。這種權力是我們每一個人都想擁有的。

然而，相信美麗能賜人力量的神話，其實只不過是渴望要得著「萬國和萬國的榮華」。

十九世紀英國詩人威廉．華茲華斯（William Wordsworth）對他所身處社會的物質主義追求感到沮喪。他寫了一首詩歌，與我們的社會對美麗的追求也有關係：

我們對這世界早晚都會要求太多了。

我們不斷地取用和花費，損毀我們的能源：

我們見到屬於我們的大自然，所剩無幾。

我們出賣了我們的心靈。這是一個卑鄙的裨益！

（1～4）[7]

當我們相信了這世界對美麗的定義時，我們同樣是「出賣了我們的心靈」。

然而，在我們裏面有一種不飽足與固執的渴望，要擺脫世界的美麗標準。這種真實存在的渴望告訴我們：我是誰這問題的答案遠不只是我們所追求的完美想像。

小女孩會有夢想，但小女孩是會長大的。我們成長後的心靈最深的渴望是我們的丈夫、孩子和我們周圍的人，能夠認識我們是屬神的女性。

在童年的幻想和夢想之上，有一位稱我們為漂亮的。即使當我仍然在玩我的童年遊戲；即使當我仍然在聆聽別人的聲音，而不是聽神聲音的時候，祂的聲音從來不會微弱無力，也永遠不會停止。

望進鏡子裏
個人反省

1. 在童年時候，有甚麼美麗的形象吸引你的注意呢？今天你對這些形象有甚麼感覺呢？

2. 使徒保羅說：「我作孩子的時候，話語像孩子，心思像孩子，意念像孩子，既成了人，就把孩子的事丟棄了。」（林前十三11）我們用甚麼形式表現出，我們仍然持守對美麗的「幼稚」理解呢？

3. 思想約翰壹書二章16節：「因為，凡世界上的事，就像肉體的情慾、眼目的情慾，並今生的驕傲，都不是從父來的，乃是從世界來的。」

肉體的情慾

4. 請列舉出三個使用女人的面貌或身材來推銷產品的廣告。這些產品給我們甚麼承諾呢？這些承諾有多少能夠真正地實現呢？

5. 在廣告的宣傳中利用女性的形象，會傳達甚麼信息給男性呢？這些形象怎樣影響男性對女性的看法，以及男性對女性的表現呢？在你所認識的男人和女人中，你能舉出這種反應的一些例子嗎？

眼目的情慾

6. 你怎樣利用你的身體，為你自己帶來光榮或者肯定呢？

7. 對於女性利用她們的身體來挑動別人的反應，你有甚麼看法呢？

今生的驕傲

8. 你嘗試透過你肉體的外表，傳達甚麼信息給別人呢？這些信息與神對我們身體的看法是否一致呢？

9. 請按著世界的標準，列舉三個你缺乏的肉體美麗之處。

10. 創世記三章6節說：「於是女人見那棵樹的果子好作食物，也悅人的眼目，且是可喜愛的，能使人有智慧，就摘下果子來吃了，又給他丈夫，她丈夫也吃了。」根據這節經文的亮光，分析那三個美麗標準的模式。

你認為這些標準的模式，如何帶給你滿足呢？（即是：「好作食物」）

這些標準的模式怎樣忽略或扭曲了神在你身體上的計劃呢？（即是：「悅人的眼目」）

這些標準的模式怎樣助長「美麗就等於知識和權力」的概念呢？（即是：「能使人有智慧」）

11. 找出你其中一個靈裏深切的渴望。你對自己肉體美麗的態度，以及你對世俗美麗的追求，是否有助於滿足這個渴望，還是有阻礙呢？

認識
神眼中
的你

2 外面的聲音

在《芒果街中的房子》（*The House on Mango Street*）裏，作者桑德拉．西斯內羅斯（Sandra Cisneros）描述一個小女孩長大的年日。伊伯倫沙（Esperanza）是這個故事的主角。她與兩個朋友在跳繩的時候，思索成年女性的祕密。這些小女孩模仿她們從社會中所學習到的，便相信身體的成熟就是成年了。她們迎接這些身體的改變，因為她們認為，成長能夠解答她們很多人生的問題和複雜的事物。在天真爛漫的孩提無知下，伊伯倫沙形容一個女孩子的臀部「像玫瑰般盛放」。她指導她的朋友如何搖擺那條繩子，她提議說：「不要太快，也不要太慢。不要太快，也不要太慢。」她不單只是指到繩子的速度，也是不經意地指到一個小女孩的成長速度。當她們繼續玩遊戲的時候，她和她的兩個朋友唱著一首歌，期待著那臀部能使她們成為女人：

> 有人瘦得像雞喙。
> 有人膨脹得像從浴缸中出來濕透的傷口膠布。
> 我不管我得到哪一種，
> 只要我能擁有臀部。[1]

然而，隨著時間的過去，伊伯倫沙認識到，生理成熟變成為女人之後，會招致更多的複雜性。青春期是一個令人混亂、生命變動的時段。大部分女性回憶這些年日時，並不是想到她們是多麼美麗，而是覺得自己是那麼尷尬和沒有安全感。但青春期也是一個關鍵時期，因為在這個階段，年青女子會決定她們對美麗的看法。我們殷切期待和熟悉的標誌成長的事物，只帶來給她們更多的問題，而不是答案，令年青的女子往往懷疑自己的身分和歸屬感。絲襪、胸圍、耳環和化妝品，都是女性特質的標誌。我們的父母只會在他們認為適合的時間，讓我和姊姊每次有一個標誌成長的事物，「不會太早也不會太遲」。每一個標誌成長的事物都會加強成長的動力，因此我的父母有智慧地控制這個速度。這是令我和姊姊大感懊惱的。然而，我的父母不能夠制止的一件事，就是我們身體的成熟。

當我年青的時候，我急不及待我的身軀能夠成熟。對我來說，我胸部和臀部的發育，是代表我更接近成年了。但在青春期裏，我們不僅身軀改變，我還有更多的改變。我開始聽到從家庭和朋友而來的喧鬧聲音，他們不經意地講了一些說話，永遠影響著我對自己的看法。並不是所有說話，都是嘴巴裏說出來的。即使他們不說出來，我都能夠明白。

朋輩的聲音

你記得自己把孩童的東西收藏起來，迎向作為女人的階段的那一天嗎？我們不再滿足於玩芭比娃娃（Barbie），我們要成為芭比。這個芭比女孩能夠抓著每個年輕男士的心。她知道她的生命可以擁有甚麼，並且知道怎樣得著她所想要的東西。她在任何場合都知道該做甚麼，該說甚麼。她總是很美麗，這也是她所知道的。

你找到她了嗎？

她只比我大幾歲，但我們的距離卻是以光年計算的。她擁有我一切的想望：高挑的身段、金髮碧眼、自信和美麗。我開始渴望要除掉那個矮小、尷尬和不安全的自我。她是一個模特兒。我夢想要有模特兒的外貌。她能贏取那個男孩子的心，我也夢想得到他的**注意**。她是那個小圈子的中心人物，我夢想夠在這圈子裏面。她從來沒有對我不客氣，她只是這樣遙不可及。

我十二歲那年，我的家人剛從明尼蘇達州（Minnesota）的一個小鎮，搬到明尼亞波利（Minneapolis）外圍的市郊。我的爸爸在那兒的另一間教會履任新職位。

我渴望有所歸屬，便迅速地加入了教會的青年小組，尋找我十分渴望的友誼。但我發現我的處境，比我預期的更加困難。我的童年遊戲消失了，童年的朋友也消失了。為這些困難加添上掙扎的，是我進入了青春期。

教會的青年小組可以是一個訓練靈性和得醫治的地方。它也可以是一個年輕女子自尊感遇到挑戰地方。

我見到人們尋求漂亮少女的情形，他們的行為很有意思。青年牧者的太太向她徵詢髮型和化妝的意見。年輕男子簇擁她的身邊。其他女孩子希望能像她一樣。她的親姊妹自稱為「醜陋的一位」。雖然如此，時間和距離是偉大的老師。當我回想那些日子，我猜想即使是漂亮的少女，都必定認為自己永遠不夠漂亮。她與其他女孩子有一個共通點，就是每一個人都覺得自己太胖，總是不夠漂亮。在十二歲的年紀，甚至稍後到了十六歲，我認為是完美的女孩子，沒有把世界掌握在她掌中，我真的不明所以，而事情卻是這樣發生。

相反的，我厭倦了像她那樣。當我們這樣追求的時候，我盼望自己能夠消失。

我知道我是不符合所有女孩子所嘗試追求達到的美麗標準。但我心靈深處知道，我是不需要依從這些標準的。有一次，在主日的聚會之後，我向那位青年牧者的太太傾吐心聲。我向她哭訴，我感到很厭倦，因為我為了要迎合她們言談的內容，我似乎需要說自己是肥胖的。雖然她承認我所講的都是事實，但她與其他青年小組的女孩子的生活，都沒有顯出甚麼改變。不久之後，我也開始認為自己是肥胖的。

我曾十分殷切地期盼的改變，反成為我的禍根。我年輕女孩的身軀甚至還沒有完全發育，我就討厭它了。我接受了標誌著很多女性的言談的咒語，就是：「我太胖了。」

我所聽到的聲音，成為了我自己的聲音。

家人的聲音

有一次，當我還是十多歲的時候，我在祖母家門前的走廊，遇見我的叔叔。他跟我打招呼說：「你的臀部很寬大，足可以拉動一部拖拉機。」

在我們的家族裏，「你最近好嗎？」這樣的問候是不足夠的。每一次我探訪我的祖母的時候，她都會告訴我，我的臀部像她的一樣。為了減低我的痛苦，她會告訴我，她的臀部是吸引我祖父的地方。但當我聽到她談及她自己身軀時，從她所用的方式，我就知道她的話並非讚賞。

在我父母的家族中，女性都是十分有天賦的。在任何的家庭聚會中，我都可以見到我的家族遺傳。我也從周遭所見到的胸部和臀部，便知道將來我會承繼的遺傳。在我父親的家族中，臀部是被認為是一個詛咒，多過是一種女性特質——因為她們的臀部通常都是很寬的，而且「膨脹得像濕透的傷口膠布」。

現在每逢我探訪祖母的時候，她仍然會評論我的身體。有一次我探訪她，帶她外出買東西。我們站在超級市場賣絲襪的走廊，幫她尋找她需用的物件。我們在挑選她想要的尺碼和顏色時，她問我穿甚麼尺碼的絲襪。我告訴了她，她問我是否真的適合穿那個尺碼。稍後，我告訴她，我穿不下她給我的那六碼半的鞋子時，她說：「天哪！你的腳胖了。」

我和姊姊最近探訪過祖母，我們把小提琴帶過去練習，因為我們準備要在一個婚禮中表演。自從我的父親去世後，一起拉小提琴是令姊姊和我感到與父親最親近的時刻。在這個特別的時刻中，我們想與祖母分享這種體驗。

當我和姊姊站在父親童年時所居住的家中，我們再次想念他。我們在一張靠牆的椅子上調音，開始奏起音樂來。當我們拉動小提琴的弓時，對父親的回憶就不斷在腦海中播放。奏完這首歌之後，我們望著祖母，盼望從她的眼神中，看到她對父親的肯定。我們反而見到她用雙手打手勢，暗示我們的臀部已長得這麼大。

如果說我深深地掛念著父親，就等於說，海洋的水是有點鹹的。毫無疑問，父親是我生命中其中一股影響我最深的力量。他在快要慶祝五十一歲生日的時候，便因癌症而去世。他是一個知道該怎樣從無變為有的人。從他在房子的後院的「溝渠」中游泳，以至完成他的音樂理論和創作的博士學位，我的父親使最簡單的經歷，成為奇妙的經歷。

我的祖父是一個南方未開墾的小鎮的牧師。我父親是他最小的兒子。他在年輕的時候，已經夢想要走出北卡羅來納州（North Carolina）的凡斯波羅（Vanceboro）的邊界。他渴望要見世面，所以他像其他年輕人一樣，加入了武裝部隊。他有音樂天分，不久便在空軍部隊的儀仗隊中找到適合他的職位。

我的父親離開家庭的時候，就遠離了神。但他不久就發現，即使在凡斯波羅以外，神都可以找到他。他永遠也沒有機會環遊世界，但他有一個更大的渴望，就是跟隨神的呼召，投入服事的行列。接著的三十一年，他以最大的愛——對神、對家庭、對音樂和學習——作為纖維來編織他多姿多采的生命掛毯。

父親的死亡所帶給我的空虛感，除了神之外，沒有人可以填補。當我老是想著失去了父親，神就提醒我要思想爸爸生命中的恩典。他教導我認識神的奇妙，以及學習的精彩之處。他又教導我這兩者是同時並進的——愛神就是渴慕要認識神更多。

雖然我的父親有許多成就，但他總是因著自己的外貌而感到沮喪，特別是在體重方面。他見到成功人士的外表在社會中的形象，他容讓自己被這個標準所貶低，而且無視那些真正使他有價值的是甚麼。雖然我父親是一位有天分的音樂家、一位有恩賜的教師，也是一位可靠的人，但他在理解自己的內在價值上，是有掙扎的。

他也聽到「外面的聲音」告訴他，他一點也不像牧師，雖然，這些說話甚少是從口中說出來的。他見到主任牧師認可那些外貌看來成功的人。他又眼見招聘委員會憑外貌，而不是按著資歷挑選職員。我父親所接收到的沉默信息，是大聲而清楚的。一個人的形象顯示他在講台後的價值。即使我父親的真誠吸引人到他的面前，他總是欺騙自己，以為別人希望他是另一個不同的人。

我的父親有幾點不一致的地方，其中一點就是：他教導我成就與自尊感之間的關係，但是他甚少給我模範。我的父親只期望我盡力而為。雖然我有軟弱，但如果我盡力而為的話，神是會成就大事的。然而，我父親對自己的看法，卻不能反映出這個理念來。他勸誡我：「按著我所講的行事，不要跟隨我的行為。」但這並不足以攔阻我，跟隨他的榜樣來貶低自己。

對自我的消極想法，滲透在我父親的言語中。我也學會了同樣的貶抑性的自我評價。當父親抓到我貶低自己的時候，他會責備我的。但他的表現卻不經意地（在我們兩方面）成為我的一部分了。畢竟，父親是我最仰慕的男人，而他卻不能接納自己，我又怎能夠接納自己的外貌和成就呢？

自從我到了一個年紀能明白**節食**這個詞語的意義後，我就經常聽到這個詞語，因為這是我的爸爸每日常用的詞語。我長大之後，也照樣想到酸乳酪、西柚和調整藥丸，是任何成功減肥計劃中的主食。每一個減肥計劃，都配合一個新的運動鍛煉常規。Rockport 網球鞋是給他立志作步行運動用的。他買保齡球、鞋和袋，也是希望能夠在鍛煉身體時，享受這些新的體育運動。還有他那張彈牀，我與姊姊比他更喜歡在上面跳。惟一比我爸爸的節食和運動計劃更加持久的，就是他對減肥的渴求。

我也觀察到在我父母的關係中，有一個令人討厭的元素。我爸爸期望我媽媽能夠守衛著冰箱，以致他的節食命運也得到監管。而我也發現自己要尋找別人來承擔我減肥的擔子。這個人不單要幫助我減肥，而且在我感到自己肥胖的時候，能夠作我埋怨的對象。

有一天，我的父母在廚房的桌子邊談話，我衝入廚房，堅決地宣佈我要他們監管我吃了多少薯條。我的體重不是超標，也沒有飲食過量的習慣。我感覺自己是醜陋和不可愛的。我希望別人能幫助我改變我的外表，以致我可以愛我裏面的自己。

我的父母有智慧地拒絕了我的要求。當時我不禁落淚了。我告訴他們，如果他們不幫助我，我恐怕會暴飲暴食或厭食了。我像父親一樣，以為只要控制飲食，便可以產生我所喜歡的身軀，並且得到我所渴望的滿足感。我像父親一樣，把重點放錯了。

我的父親在我認識關於自我形象的真理之前，就已經去世了。如果他知道，他對自己的看法對我的影響有多麼強烈的話，他必定會深深懊悔的。他以為他的表現只會影響自己。但是，拆毀一個人的心的言語，會製造一種氣氛。所有進去的人，都感受到它的影響。

你聽到甚麼外在的聲音呢？童年朋輩的取笑，在我們成長之後，是否仍然在耳邊響起呢？你是否永遠都不能取悅你的父母，永遠感到在他們面前不夠好呢？你的丈夫是否甚少說你美麗呢？而他的靜默是否從你心靈的牆壁上回響呢？

當我聽到這些聲音後，我們會尋找方法去平息它。有效的節食計劃、完美的運動計劃、新髮型或新的造形，都是其中一些方法。但這些聲音仍然逗留。有些時候，這些聲音是這麼大，我們很難聽到關於我們自己的真理。

我常常驚訝，為甚麼我的父親看不見，世界對一個人價值的定義與神賜給他自己的才能，是不一致的。我愈多思想這個問題，就愈明白神對祂創造物的理想，永遠都與世界的理想不一致——前者是基於人的靈對宇宙至高無上、全智的創造者的信心而呼喚出來的；而後者則是出於操控，最終是要扭曲人的靈，目的是要滿足一個短暫而不持久的世界標準。

這種不一致是很容易被忽略的，因為我們以為，只要我們能夠符合社會的形象，生命中其他的事情都會妥當的。但是一個建基於社會標準的平安之地是不存在的。相反，我們渴望要反映社會的形象，叫我們更感到飢餓。因為我們的自尊感是源於我們的靈，我們渴望要認識我們在基督裏面的身分。即使我們進行無數次的節食和運動計劃，嘗試要重造我們的肉體，我們也得不著答案。這種追求不能夠回應我們靈裏面的渴望。這種追求也永遠平息不了那些聲音。最終，內在的聲音反而與外在的聲音聯合起來。

望進鏡子裏

個人反省

1. 當你回憶青春期的歲月時，你有甚麼感受呢？你是否對你將要成為的女人，感到有信心呢？

2. 在青春期的階段，你對女性特質形成甚麼正面的概念呢？甚麼力量是有助於形成這些正面的概念呢？

3. 你從哪個時候開始對自己的身軀產生負面的感覺呢？

4. 在塑造你自尊感的過程中，你的家人擔當了甚麼角色呢？用具體的字眼形容家庭成員如何影響你。

5. 有甚麼其他聲音影響你對自己作為女性的看法呢？

6. 回想你在第一章所界定的屬靈渴望。你在周遭所聆聽到的聲音，怎樣攔阻你滿足這個渴望呢？

7. 花一點時間評估你所說的話。馬太福音十二章36節說，我們對我們的言語有甚麼責任呢？

8. 聖經告訴我們，生死在舌頭的權下（箴十八21上）。我們認識這個真理，便知道我們是有權柄向周遭的人講出生命或是死亡的信息。很多時候，我們所聽到的聲音，不僅影響我們的生活。如果我們重複成長時候經常聽到的那些消極的說話模式，我們也會影響與我們接觸的所有人。如果你在與人對話，或在談論別人時，難以抗拒使用消極的言語，那麼，你要求主看守你的嘴巴。假如你願意聆聽神的指引，祂會給你能力向周圍的人發出生命的話語。

9. 要把聖經從思想落實到心靈和生活中的一個方法，就是品嘗當中的每一個字。把以下的經文抄在這裏，或抄在筆記本上，然後品嘗這兩節經文：

箴言二十五章11節

歌羅西書四章6節

3 裏面的聲音

無論你選擇一整天裏的哪一個時刻，你都可以聽到世界上不和諧的雜音在你耳中響起。奇怪的是，我們能夠聽到自己在想甚麼，卻甚少聽到神的聲音。

即使在獨處的時刻中，這些聲音都會出現，我們仍然要與它爭鬥。這是在我們裏面的聲音。我們所聽到的字句，貫穿我們的腦海，不休地發出抨擊譴責。

每一個女性都聽到這些聲音，但大部分的女性感到無力平靜它。《一個新鮮釀造的生命》（*A Fresh Brewed Life*）的作者尼科爾．約翰遜（Nicole Johnson）認識裏面的聲音的力量，他寫道：

> 這些聲音使我們的靈魂被鎖在地下室中。它們令我們懼怕嘗試任何新事物，為別人對我們的看法

> 感到焦慮。而且，它們叫我們不斷單調乏味地追求表現。[1]

我們都曾經聽過這些信息，並且一直以來都遵守，以致它們已經深深植根在我們的心中，成為我們生活的準則。不足、失敗、醜陋等字眼。我們認識這些謊話，比認識真理更多。

諷刺的是，當我們感受到那糾纏的渴望，要認識那超越世俗的美麗標準時，我們卻急於掩蓋這些渴望，免得在我們裏面製造更大的張力。結果就是，我們用一種膚淺的歸屬感，來掩飾我們真正的渴望。

艾略特（T. S. Eliot）在信主前與信主後的詩詞有很大分別，就正如日與夜之間的分別一樣大。《亞爾弗．樸霍的情歌》（“The Love Song of J. Alfred Prufrock”）是其中一首他在信主前寫下的著名作品。它合宜地描繪一個人，被世界的聲音與內在的聲音所拉扯時的苦惱。樸霍（Prufrock）不能夠擺脫社會的期望，也沒有人生命的目標，他變得極之優柔寡斷。當身邊的人正悠閒地享受茶點和交談時，樸霍就在沉思他要成為另一個與自己不同的人時，會感受到甚麼壓力。在無盡的內心對話中，他極度的痛苦：

還有時間，還有時間
來準備一個面孔，去面對你所遇見的面孔，
還有時間去謀殺和創造。

當外在的聲音，成為我們內在的聲音時，樸霍認為，他必須要「謀殺」他的本相的事實，才能夠按著社會所鑄造的形象，來「創造」自己。

這個世界把樸霍監禁在膚淺的囚牢中，他的情歌是這個世界要認識的呼喊。這個世界假裝認識生命，但它卻在屬靈的死亡中枯萎。樸霍仔細思想這個平凡而無意義的生存方式，便說：

我已經完全認識它們，完全認識它們——
我認識黃昏、早晨、下午，
我曾用咖啡的調羹量出我的生命，
我認識那個在垂死的墮落中漸漸消逝的聲音，
從更遠的房間傳來的音樂之下。

在他裏面有微小的聲音說，他不單是為了疏離和拒絕而被造的。然而，他在社會以外，找不到自己的意義和價值。於是，他甚麼都沒有了。他用以下的話結束他的愛情哀歌：

> 我們曾在大海的房間內流連
> 海洋女孩帶著紅色和棕色海藻的花環陪伴著我們
> 直至人類的聲音把我們叫醒，而我們淹沒了。[2]

沒有盼望，樸霍被他腦海裏的絕望聲音所淹沒。對環繞他的那些令人耳聾的和空洞的社會聲音，這是他惟一的回應。

這個基督徒女性也像樸霍一樣，聽到社會的聲音，以及她自己內心和思想的聲音。然而，她與樸霍不一樣，她知道真正的意義是源自在這個世界以外的那一位。她知道真正的生命在基督裏面。可是，她往往分割自己的生命。在罪方面，她可以接受基督作為她的公義，但她難以接受一個概念，就是以基督作為她的美麗。

她以一個分割的心活著，因為她相信基督極其愛她，但她卻背負著沒有能力去愛自己的擔子。令她更沮喪的是，她恐怕自己是惟一一個在這方面有掙扎的人，所以，她努力平息這些聲音。她的掙扎成為一個屬靈驕傲的問題——她未能讓基督足以成為她的美麗，也不願意讓別人見到她的不安全。

女性在很早就學會玩一個遊戲，那就是隱藏自己的恐懼和不足的感覺。基督徒女性也沒有分別。我們「用咖啡的調羹」量度我們的生命。我們令自己忙碌於目標、成就和關係中，努力要平息日益加劇的自我懷疑。我們恐怕永遠也找不到我們所渴望的美麗，或者不能達到我們所仰慕的人的期望。於是，我們尋找那個能除去自恨痛楚的藥膏。

多年來我一直以為，只有我在要愛自己和看自己為漂亮的事情上孤獨地掙扎。其他女人看來都很自信。我與朋友分享很多我的祕密，但卻沒有把我強烈的不足感分享出來。我們談論對神和對家人的愛，但我們沒有把不曉得愛自己的恐懼分享出來。

這麼多年來，我更加仔細地聆聽其他女人的聲音，我認識到，我並不是單獨掙扎的。

很少人知道，我在成長的過程中，對自己是深感不滿的。我總是以一個很自信的年輕女子的形象，在人面前出現。我學曉用活動和成就的沙堆來埋藏自己的厭惡感。我認識不到自己與生俱來的價值，因此，我藉著一系列的社團活動和學術成就來創造價值。當那些聲音告訴我，我從來沒有美麗過，我就會用自己一連串的成就，來回應它們一連串的指控。

卓越的成就界定了我的真我，而失敗就是我所不能承擔的冒險。因為我不能把真我與我所做的事分割開來。當我在所做的事上遇到失敗，這就等於我是失敗的。若沒有某些衡量成功的標準作為我的保證，我甚少嘗試甚麼東西。我像大部分人一樣，害怕被別人批評，但我是自己最苛刻的批評者。我害怕別人的意見，證實了我對自己的看法。

在高校畢業以後，便升入大專，離開了家園。雖然我渴望放下這些熟悉卻不友善的聲音，但它們卻與我同行。

大專與高校的生活方式是截然不同的。在高校的時候，每一份家課作業、小測驗、測驗和考試卷，都有老師的回應。但大專的家課作業牽涉大量的閱讀資料。小測驗差不多沒有了。測驗和考試是在整個學期的課程結束時，才會派發給我們的。而且有些時候，卷子也不會發還給我們。在第一個月，我努力在尋找方向。知道自己所得的分數等級，對我來說是重要的，但直至我不再把它們當作一個量度標準的時候，我才了解這些等級是多麼的有意義。那時候，我不知道自己把成績的等級和成就，看為是真我的總和。在我面對這個真相的時候，我不但沒有關注它，反而更加努力要平息它。

活動比一切都重要。我加入學校的社團，又競選領導的職位。然而，那些聲音總是伴隨著我。為了控制和壓抑它們的激烈的長篇演說，我花更多時間注意飲食和做運動。雖然這些追求並不是錯誤的，但我的動機卻是錯的。我並不喜悅我自己，我嘗試在神以外的事物，尋找我的價值。我行為的動機是渴望要取悅於人，而不是要討神喜悅。

我們愈是努力藉著一些過渡性的事物尋求意義，來平息從社會來的聲音，我們裏面的聲音就愈大聲地呼喊說：我們是沒有價值的。我知道我應該在神裏面尋找我的價值。即使在我內心掙扎的當中，我仍然知道神是信實的。可是，神總是任由我陷在一個持久的張力中摔跤。這個張力就是渴望要更多認識神，同時又渴望要得到別人的認同。

更重要的是，我難以把神對我的看法，轉移成為我對自己的看法。我緊緊抓住先知耶利米的話：「耶和華說：我知道我向你們所懷的意念是賜平安的意念，不是降災禍的意念，要叫你們末後有指望。你們要呼求我，禱告我，我就應允你們。你們尋求我，若專心尋求我，就必尋見。」（耶二十九11～13）

我希望神的旨意落實在我的生命中，但我就是不認識，神對我的計劃也包括接納神所創造的我，並放棄在自己以外尋求平安。我以為當我對我的外貌有信心（這是成功的把握），並得到別人的認可之後，我就會明白神在我們生命中的旨意了。

既然各樣的活動仍然叫我在渴求，我就說服自己說，當我找到我靈魂的配偶（就是神叫我與他共渡餘生的那一位）時，我就會找到一直渴望的平安和自愛了。有人愛我和追求我，就證實我是有價值的。那時，我必定會明白神對我的意念和感受的深度。

每個年青女孩子都渴望，有一天能夠找到她那位穿著閃耀盔甲的武士。我經常定時閱讀《清秀佳人》（*Anne of Green Gables*），沉醉在那永不褪色的浪漫裏，我不需要別人的鼓勵，也會盼望有一個男人能成為我的吉爾伯特（Gilbert）。在挑動我們的夢想和對將來的盼望方面，女學生的浪漫主義，是有它的影響力的。但如果把它推到極端的話，這種浪漫主義是可以很蒙騙性的。從女學生的角度來看，那個女人與她的武士結了婚，並且永遠快樂地生活，這就是故事的結局了。但有些時候，這兩個戀人在騎馬奔向日落時，會遇到危險的掙扎。又有些時候，那位武士也不能拯救這位少女。

當我遇見斯科特（Scott）——那個將有一天成為我

丈夫的人——我發現他是我所愛的敬虔男人，我真的看重他的意見。但在我心靈深處有一些空洞，是斯科特不能填滿的。當斯科特向我求婚的時候，我的不安全感並沒有得著醫治。甚至當我們步入教堂的長廊時，情況也是一樣。

婚姻不能驅散個人的疑慮。婚姻只會擴大那些未解決的不安全感。掙扎是不能避免的。掙扎的出現顯明我們心靈的狀態。我們再不可以在門口掛著「私隱」的牌子，然後躲在房間中。婚姻應該會令我們更脆弱，即使在某些時候，我們假裝自己不是脆弱。我在談戀愛期間，曾有效地掩蓋了那些聲音，但在我們還沒有度完蜜月回家之前，它便又再呼喊出來了。

我像很多新婚人士一樣，假設結婚就像談戀愛時期一樣，只會更加好。我不明白在談戀愛的階段中，兩個人是在不同的房間裏面的。我參與學校工作，而他卻投身服事。我們相處的時間，就只有我們自己的小世界。然而，在婚姻裏面，我們卻被一些小事分心。在談戀愛期間，我們總是很棒的溝通者，但婚後我們發現還有很多需要學習的地方。在我不了解斯科特的地方，我太多時候假設自己是了解他的。每一次的誤會都擴大了這個聲音，強化了我的不安全感。

我深切期待有一天，斯科特和我能夠彼此親密地認識對方，但我沒有預期「性」會在關係上帶來一點的溝通障礙。肉體的性交就等於愛，這想法是難以消除的神話，即使我們知道這是錯誤的。我不經意地以我們關係中的肉體方面的情況，來判斷丈夫對我的評價。當他因為太累或遇到太大壓力，而無心與我親熱的時候，我錯過了擴闊我對愛的理解的機會。我反而聆聽了那個聲音告訴我說：如果我瘦一點的話，無論他累不累，他也會想要我的。

斯科特怎樣消磨時間，也成為我自我價值的尺度。如果我覺得我們相處的時間不足夠，我就會推斷我不夠漂亮。因為我的不安全感攔阻我面對衝突的真正本質，因此，我不可能尋求到解決問題的答案。我與丈夫的關係被我的自尊問題操控，而不是由神來操控。

我丈夫的聲音與這些聲音是唱反調的。他從沒有停止告訴我，我是美麗的，而且他很愛我。但我就是沒有聽他的話。更準確地說，是我選擇不相信他的話。雖然我的婚姻是其中一份神給我最大的禮物，但它也不能平息那些聲音，因為我的不安全感深藏在我心裏，甚至比我與丈夫的關係埋藏得更深。這些不安全感藏在我本質的核心中——深藏在我與基督的關係中。

我的頭腦知道我的美麗和價值是在基督裏面的，但我的心並不知道。因為，我看重這個世界的美麗，我相信我的價值是在於這個世界的美麗。由於我的價值是基於世界的標準，所以我期望別人也用同樣的方式，來決定我的價值。

我參加了一個基督教的減肥計劃之後，我以為我可以找到答案了。我以為當我得到想望中的身材時，我就可以平息這些聲音了——而且我可以在過程中追求神。然而，我的動機是錯誤的。我所參加的計劃並不是叫我健康，乃是叫我消瘦。我不是追求神，讓祂在我裏面創造一個新的心，我只是將減輕體重的事交託給神，讓祂為我創造一個新的外表，給我在裏面生活。

我想設法遏止那些聲音，但它們仍不安靜。當我望進鏡子，聽到有聲音說：「**我很胖。**」我便更加使勁地實行減肥計劃，又用我的脂肪重量量度表來對抗這些聲音。當我望進鏡子，聽到有聲音說：「**沒有人覺得我漂亮。**」我就重播別人對我減輕體重的一切讚賞。當我望進鏡子，聽到有聲音說：「**我從來沒有像其他女人一樣，擁有這一切。**」我就望著那更小尺碼的褲子，現在我可以穿得下它了。

但我沒有真正的打敗這些聲音，我是在不斷地餵養它們。當我的體重下降的時候，我可以接納到自己。我的價值終歸仍然是在於我的外貌。只不過現在我視減輕體重為一種屬靈的操練。我甚至開始把它等同於屬靈。

十三週的減肥計劃，讓我減掉二十二磅。我從來沒有試過，對自己如此有好感。自從我踏入青春期之後，我從來沒有如此清瘦。我不僅感到自己能夠控制體重，也感到自己的靈性，也在掌握之中。追求神變得更加公式化。吃燒雞是有罪的，而生吃蔬菜卻是敬虔的。同樣，我愈多做運動，便愈感到自己是敬虔的。我以為因為我不喜歡自己，所以神便不喜歡我了。我以為我沒有達到神所要求我的清瘦，所以我要承擔痛苦和不安全感的後果。現在我已經清瘦，便可以取悅神了。但我的滿足感是繫於一條很脆弱的繩子上。

一旦我達到目標中的體重時，我便開始減肥計劃中的維持部分。因為我已經很習慣遵守嚴謹的飲食規限，所以，我不是很確定該怎樣把某些食物放回在日常的飲食中。我最嚴重的恐懼就是，我十分努力減掉的體重，又重新恢復過來。若我的體重真的增加了，不僅是我的自尊感受到打擊。我認為我不但在這計劃中失敗了，我也是令自己和令神失望。

我曾祈求神改變我的外貌，幫助我節食，幫助我能每天做運動。我又求神幫助我，挑選適合的衣著，使我成為另一個人。然而，在我祈求解決不安全感的所有方案中，我從來沒有祈求神改變我的心。直到有一個主日的下午，情況改變了。

我從教堂回家之後，便進入睡房。我沒有脫下衣物，便捲曲在牀上。我已經到了谷底。我感到破碎，情感耗盡，於是我便哭起來了。我懇求神改變我。我第一次把這些說話，大聲地講出來。我告訴神，我討厭我的身體，也討厭我自己。可是，我不想再討厭自己，也不想繼續追逐世界虛幻的美麗形象。在那一天，我不再祈求神讓我能消瘦和美麗。相反，我祈求神教導我認識，我在祂眼中的美麗。這幾個簡單的字句開始了一個旅程。這個旅程讓我認識到極貴重而無價的美麗。 這種美麗是源於那一位付上生命代價者的心靈。

這掙扎教導我，我必須要在那賜我價值者的身上尋求我的價值。我用成績和成就來環繞自己，但這並不能使我堅信自己的價值。尋求別人的愛也不能使我堅信自己的價值。改變我的外貌也不能使我堅信自己的價值。

軟弱更加助長內在的聲音。但一個更深的信息正等待我去聆聽：**我們的被造是有更大意義的**。 這個信息與內在的聲音相反，它說：在我們所欠缺的東西上，我們是無能力去謀求更多的。但神是我們的力量，祂的能力是在我們的軟弱上顯得完全（林後十二9）。

在與內在和外在的聲音爭戰時，我們必須要了解四個重要的真理。

第一，我們必須要用聖經過濾從別人那裏聽到的說話。聖經指示我們該常常思念甚麼：

> 弟兄們，我還有未盡的話：凡是真實的、可敬的、公義的、清潔的、可愛的、有美名的，若有甚麼德行，若有甚麼稱讚，這些事你們都要思念。（腓四8）

建設性的批評是有它的作用的，但對失敗和不足的指控卻不是。當我們聽到別人談及我們和他們自己時，我們必須要決定，重複聽這些評語是否增加，還是削弱我們認識在基督裏的真我。聆聽是一個選擇；是主動地專注在一些資訊上。我們的思想裏聽到失敗的字句，是因為我們主動選擇成為它們的聽眾。

第二，我們必須改變談論自己的方式。我們可能是在摸索尋找讚賞；我們可能真的相信自己所說的話；又或者我們以為，如果我們先用說話傷害自己，那麼，別人的說話就沒有這麼大傷害了；又或者我們以為負面地談論自己，可以保守自己不致於驕傲，因而令我們更屬靈。但負面的評價是一個達致謙卑的差勁方法。

無論原因是甚麼，結果都是一樣的。我們嘲笑自己，就是詛咒神的創造。我們實際上就是告訴神：「我知道你稱它為好的，但我不認為它是夠好的。」我們怎麼可以讚美和敬拜神，但同時卻用這個嘴巴詛咒神的創造呢？聖經說：「耶和華——我的磐石，我的救贖主啊，願我口中的言語、心裏的意念在你面前蒙悅納。」（詩十九14）耶穌教導說：「心裏所充滿的，口裏就說出來。」（路六45）抹黑人的說話，顯露這個心是有問題的。我們的心靈聽取了那奪人生命者的說話，卻沒有聽取那一位賜人生命者的說話。

第三，我們必須學習辨認出，那位要破壞我們靈魂者的言詞。撒但是一個撒謊者。我們知道他來到，只是為了「要偷竊，殺害，毀壞」（約十10）。蒙騙是他本質的核心，因此他所講的一切都沒有真理。我們聽到他的聲音，便能辨認出來，因為他所講的話都是拒絕、仇恨、失敗和不滿。

「我永遠達不到標準。」

「我永遠都不可能漂亮。」

「我是我一切失敗的總和。」

「如果我消瘦一點，便就會更快樂。」

「如果我長得漂亮一點，別人就會愛我。」

「我一無是處。」

「我長得很醜。」

「我需要改變我的外貌。」

「如果我有新的衣服，我就會滿意我的外貌了。」

「我太肥了。」

這一切都是謊話，是死亡的言語，不是生命的言語。如果撒但能夠説服我們，我們是無價值的，他就可以使我們失去活動能力，攔阻我們實現神在我們生命中的計劃。由於恐怕被拒絕，我們不敢接觸別人。我們沉溺在自恨當中。由於懼怕失敗，我們不敢跟隨自己的夢想。我們被不滿所淹沒。

喧鬧的聲音在我們的頭腦中響起，但我們仍然勇敢地把笑容貼在臉上。我們靜悄悄地告訴自己，我們必須與這些聲音一起生活，並且假裝擁有所渴望的平安和自我肯定。但我們每一句自貶的話，都洩露了真相。然後，這些聲音就變得更惡毒了。

「如果神真的關心你，祂就不會創造你是這個樣子的。」

「如果你不相信神是單單按著你的本相愛你，祂的愛必定不是真實的。」

「如果你真是屬靈的，你就不需要掙扎去愛自己了。」

謊言。全都是謊言。當我們道出謊言的本相時，它們就會失去其力量，而真理也會更加鮮明。美麗是存在的，而神就像一位有耐性的戀人一樣等待我們。

最後，我們必須聆聽神對我們的看法：

在時間開始之前，我認識你。那時，我知道你眼睛的顏色，我聽到你的笑聲。就像一位自豪的父親常把女兒的照片帶在身上一樣，我的眼睛也常帶著你的形象，因為我按著我的形象創造了你。在時間開始之前，我就揀選了你。我向著天堂說出你的名字。當我心靈的牆壁回響起美妙的節奏時，我便微笑了。

你是屬於我的。我對你的愛伸延至比天上的星宿更遠，比任何的海洋更深。你是我極貴重的珍珠，我為你付出了一切。我用手掌作你的搖籃。即使在你失敗的時候，我仍然愛你。你所做的一切和所說的一切，也不能停止我愛你。我毫不留情地追求你。你跑離開我——我仍愛你。你棄絕我——我仍愛你。你看，我為愛你的緣故，在創立世界的根基以前，已經被宰殺了。我從來沒有後悔，我為你在十字架上所作的犧牲。

當我見到你每一個部分，便驚訝我手中奇妙的作為。我微聲發出渴望和愛慕的言語，你就被創造存在了。你是美麗的，我喜悅你——包括你的心靈、思想和身體。你是我的深切的渴望。當你鄙視我所造的，感到丟臉而轉頭的時候，我仍然用溫柔的熱情向你伸手。你是我所愛的，我是屬於你的。（作者根據約壹三2；賽四十三1；太十三46；弗一4；啟十三8；詩一九四4；歌七10，六3編寫）

神渴望我們認識祂的美麗，但我們必須選擇如何回應我們所聽到的聲音。

外面和裏面的聲音都歪曲了現實。要超越破壞性的猛烈抨擊，聆聽神的聲音，是一個持續的掙扎。我們可以永遠不能平息那些聲音，但我們可以決定是否要讓那些聲音為我們下定義。神正站立等待，要帶領我們走上認識真正美麗的旅程。這個旅程的起點是，要仔細聆聽祂的心，凝視祂話語的鏡子。

望進鏡子裏
個人反省

1. 用聖經的話語過濾你從別人聽到的話。

反省那些影響你對自己看法的「外面的聲音」。你可能要參考第二章的個人應用部分。用神的話語仔細衡量這些聲音。

在度過每日的生活時，要留心那些浮現在你腦海中的聲音。當你聽到一些不符合腓立比書四章8節的聲音，就要停下來，祈求主幫助你注目在那些討祂喜悅的言語上，並且反省祂對真理和美麗的觀點。

2. 改變你談論自己的方式。

評估你自己的言語。你談及自己哪些負面的事呢？為甚麼？

把這個主題帶到主面前禱告。

3. 他要用說話來毀壞你的靈魂，你要學習分辨。

寫下一些撒但控告你的謊言。當這些謊言在你心思意念裏成形時，我們要說出真理，並稱它們為謊言。找出一節經文抗衡每個謊言。刪掉這個謊言，在旁邊寫下聖經的真理。

4. 聆聽神對你的描述。

讀完神對你的了解和對你的信念後，寫下你對祂的回應。你的回應必須誠實。

4 鏡子、鏡子

我想不起是從哪一天開始，鏡子成為我的監牢。鏡子只是物件，能反映我選擇要看的東西。但當我發現我正從一個物件中尋求肯定時，我知道我是違背了自己的意願。我每天循例照鏡子。當然，有些日子我心裏會想：「也不錯。」然而，我有更多的日子是在想「要是……」：「要是我的頭髮能長一點」、「要是我的頭髮能短一點」、「要是我可以高一點」、「要是我的眼睛是棕色的」。而「要是我能夠瘦一點」更是永不缺場。

也有些時候，鏡子是我的審判室。那個只有一個人的陪審團，因著反覆無常和心情不好的緣故，對我有偏見，發表對我價值的裁決。

鏡子是每個女性生活中的一部分。尼科爾・約翰遜痛苦地形容女性見到自己的身軀時所感受到的焦慮：

在我還沒有起牀之前，恐慌已經開始爬上我的脊椎了。我知道今天要面對甚麼。我完全靜止地躺在牀上，讓被子的安全感包圍我。或許如果我不理會它，它就會走開。充塞這一天的艱難工作，已經耗盡我身體的每一分精力。對步行、像連珠炮般的銳利眼光，以及對眼淚都有恐懼。

我今天要買一件泳衣。

為何一次的購物令我的雙膝軟弱，自尊感突然墮下呢？可能是因為我想到要在燈光下看自己的身軀。這燈光能發現連哈勃望遠鏡也會漏掉的東西。或許是因為，我大腿的上部分事實上就像月亮的表面一樣。或許是因為我嘗試用一塊像水壺柄般大小的彈性布，來覆蓋我那一平方里寬的臀部，這實在是徒勞無功的。但不知何故，這一個活動把我從一個自信、成熟的女人，帶回到讀高中日子的感覺。[1]

我們愈凝視鏡中的屬世形象，我們就愈感到脆弱。百貨公司更衣室鏡子燦燦然的燈光暴露了並不討人喜歡的影像，為了與這些影像鬥爭，我用不同的姿勢和斜視的目光，來調較我對自己的脆弱身軀的觀察。

無意望到鏡子的時刻，是格外麻煩的。當我拿著堆滿生奶油的巧克力凍咖啡悠閒地逛商場——忽然間出現一面鏡子。在這些情況下，我問自己：「這真是我嗎？」這個問題引發了大量的自我評估：我的臀部真是這麼突出嗎？我的胸部真是這樣下垂嗎？我看來真的這樣矮嗎？

鏡子的諷刺之處在於它們的吸引力量。我受到慫恿，下一面鏡子可能會把我想要見到的樣子反照出來。或許那時我會感到滿意。但當中仍然存在著那個問題。當**我能夠喜歡我所見到的外貌**，我就期望得到滿足感。當我用屬世的眼睛，來凝視一個並非這世界所創造的形象，我怎麼能夠喜歡我所見到的呢？

同樣麻煩的是，當我無意中在鏡子見到我自己時，我便會失去識別的能力。我每天刷牙的時候，都見到自己的面貌，為何我會認不出自己來呢？我認不出我見到的面貌，或許是因為我的「調整力量」對自我的觀感和記憶力，都有操控性的影響。

傑伊・蓋茨比（Jay Gatsby）是斯科特・費茲傑羅德（F. Scott Fitzgerald）的小說，《了不起的蓋茨比》（*The Great Gatsby*；又名《大亨小傳》）中的主角。他為了取悅他的愛人戴西（Daisy），便改造自己和他的環境。他在多年之後與戴西復合。自此，蓋茨比便用戴西的眼光來看他的舞台世界。他發現「要用新的眼光來看事物，是要花費自己的力量來調整的。這總是令人感到悲哀」。[2]

他把自己的生命降服於美國人的夢想之下，以及社會期望的假像中。終於，他再不能把真正的蓋茨比從製造出來的蓋茨比身上分別出來。蓋茨比永遠不能理解一個事實是，他的假像是永遠達不到戴西或者社會的期望，因為這些期望要求他否定真我。最後，他破碎的夢想導致他身體和靈性的死亡。

我像蓋茨比一樣，努力改造自己成為一個在舞台上有好表現的自己，或者否定自己那些不符合世界對美麗定義的部分。這兩種行徑都叫我懷疑真我，叫我渴望被認識。悲哀的是，我不被基督的形象所充滿，而是被世界的形象所佔據。這使我的生命破碎，就像蓋茨比一樣，而且我不能理解神要創造我成為怎樣的女性。

我很多次走到鏡子面前，就好像鏡子有能力揭示我的本相一樣，盼望要發現真正的我。然而，我只可以在一個地方找到我真正的影像。我最深的渴望是自我的價值；我最深的慾望是能夠被認識，而我的創造者、父神的眼睛就能夠反映出這些答案。

作為屬基督的女性，我們必須要持守這個真理：聖經是反映美麗的鏡子，我們要透過它來看自己。因為我們活在一個以視覺影像所帶動的文化中，我們可能會在聖經中尋找肉體美麗的視覺圖畫，作為自我量度的標準。以斯帖王后有多高呢？路得的體重有多少呢？馬利亞要多久才可以恢復她未懷孕之前的體重呢？拉結的眼睛是甚麼顏色的呢？

我們從開頭就是按著神的形象被造的（創一27）。聖經甚至也界定一些個別人物的外貌是美麗的。拉結是「美貌俊秀」（創二十九17）。大衛也被形容為「面色光紅，雙目清秀，容貌俊美」（撒下二十五3）。同樣，拔示巴「容貌甚美」（撒下十一2）。押沙龍因著他的外表而受到稱讚（撒下十四25）。在以斯帖的故事中，作者提及瓦實提與以斯帖的美貌（帖 ·11，二7）。最後就是，所羅門談及他的愛人：「我的佳偶啊，你美麗如得撒，秀美如耶路撒冷。」（歌六4）

可是，這些經文都沒有為美麗下定義。聖經沒有告訴我們，他們的髮型、臀部尺碼、胸圍尺碼、體重和高度。

我們太習慣把神對美麗的標準，等同於世界的美麗。很多女性是有品格、正直和配得尊敬的人，而聖經很少提及她們肉體方面的美麗。雅億、底波拉、路得、馬利亞、亞拿，就是其中幾個例子。神對美麗的定義與我們所期望的並不相同。

要認識真正的美麗，我必須要認識我們是屬於誰的。這個世界不曾創造我，它一直也不認識我。但神創造了我，祂也一直認識我。我的存在是出於神的旨意。祂是全知、全能的創造者。祂看見祂手所造的，便稱它們為「好的」。使徒約翰說：「凡接待他的，就是信他名的人，他就賜他們權柄作神的兒女。這等人不是從血氣生的，不是從情慾生的，也不是從人意生的，乃是從神生的。」（約一12～13）在神愛的偉大傾流中，我被創造出來。而且我是被揀選的。

那麼，神對美麗的定義是甚麼呢？

我們在一段基督教的核心經文中找到答案，但甚少人用它來定義美麗的：「神愛世人，甚至將他的獨生子賜給他們，叫一切信他的，不至滅亡，反得永生。」（約三16）

或許你會驚訝，這段經文如何為美麗下定義。神付上祂自己的兒子，為我們的罪作了犧牲，是神與人之間最美麗的行動。神的美麗是純潔沒有污損的。神的美麗是永恆的，能賜人生命。神的美麗要求徹底的脆弱，靈魂在神面前要赤露敞開。神的美麗是真實的，因為這是真理。救恩是關乎這一切的事：「因為耶和華喜愛他的百姓；他要用救恩當作謙卑人的妝飾。」（詩一四九4；譯按：《新國際譯本》〔NIV〕把「妝飾」譯為「使他們美麗」。）救恩是真正的美麗，是神給美麗的定義。因為我是用永恆的事物買回來的。在短暫的事物中，我認識不到我的美麗。

當我把我的價值建基於世界的標準時，我對自己的愛就是有條件的。**如果**我體重減輕；**如果**我喜歡我的樣子；**如果**我得到別人的肯定；**如果**我的努力成功了，我便答應愛自己。但神對我的愛是無條件的。在此時此刻，祂對我的愛是絕對不會減少或增多的。

試思想一件諷刺的事，就是我們是要在被形容為「無佳形美容……也無美貌使我們羨慕他」（賽五十三2）的那一位裏面，找到我們的美麗。因為這個世界對美麗的表面理解，那些屬世的人是不能夠看到基督的真實美麗，於是他們便覺得祂「無佳形美容」了。然而，因為神是那一位散發真實美麗的源頭，基督便是美麗的道成肉身。這美麗不是根據世界的定義，乃是按著神的定義。

於是，一個女人的美麗必須在永恆的事物裏，並且由永恆的事物所定義。我們必須要愛慕那些能吸引我們到基督面前的事物，並能帶領我們到基督豐盛的生命中的事物。基督是我們的救恩，所以祂也是我們的美麗。

如果我們要認識真實而純淨的肉身美麗，惟一的方法就是尋求真實而純淨的屬靈美麗。

路得記從來沒有提及路得肉體的外貌。但每一次我讀她的故事，我感到她是美麗的，因為她的抉擇展現她真正的美麗和品格。她決定服事那位獨一的真神，便是追求永恆了。之後，她又活出這個恩典，又將生命帶給她身邊的人，特別是她的婆婆拿俄米和她將來的丈夫波亞斯。她最終找到純正和真實的事物了。波亞斯對她說的話證明了這一點：「我本城的人都知道你是個賢德的女子。」（得三11下）

按世界的標準，路得有可能是平凡的，也有可能是美麗的。我們不知道。然而，由於她決定要追求神，她肉體是否有吸引力的問題是無關重要的。她品格的美麗遠超過她肉體的外貌，並且這是她真實美麗的標誌。

路得的故事是一個屬神的女性的榜樣。她因著敬拜美麗的那一位，而變得美麗。

在主的美麗與敬拜之間的關係，詩篇有以下的共鳴：「有一件事，我曾求耶和華，我仍要尋求：就是一生一世住在耶和華的殿中，瞻仰他的榮美，在他的殿裏求問。」（詩二十七4；《新美國標準聖經》〔NASB〕將「求問」譯作「默想」。）

當我們沉緬於熱情的敬拜生活，我們會見到神的美麗和自己的美麗——在祂裏面。當我們在敬拜全能神的生活中忘我，我們便找到被造的目的。在一剎那間，這個世界的事物，包括它的美麗標準都變得無意義。詩人說：「有尊榮和威嚴在他面前；有能力與華美在他聖所。……當以聖潔的妝飾敬拜耶和華！」（詩九十六6～9；《新國際譯本》將「裝飾」譯作「美麗」。）在敬拜當中，虛假的偽裝以及人工化的渴望——不管是出於我們自己的，還是別人的——在聖潔而可畏的神面前都要消失。當我站立沉思神的名的威嚴，與祂手中的作為時，我的體重、高度、胸圍的尺碼與我的髮型都不再重要了。

美麗的定義並不止於把自己浸淫在敬拜當中，它只是討論的開始。或許你曾聽過有話說：「美麗就是美麗者的行為。」我們在敬拜中發現到神的美麗，必須要從我們的生活中散發出來。當「……神的榮美歸於我們身上。願你堅立我們手所做的工；我們手所做的工，願你堅立」（詩九十17）。我們的生活便會發出美麗的光輝。我們取了基督的本質，我們的肉體的外貌便成為一個器皿，讓基督的美麗發光照透。

再次思想路得的故事。因為她在敬拜上專心，她的生活顯出優秀和美麗來。那一位就是一切人的美麗，她也有份於祂血統的家譜中（太一5）。真實的美麗是為基督而活的生命。

今天，人們花數以百萬計，甚至是數以億計的金錢，尋求能夠恢復他們年青時的美麗。神正在尋求能夠恢復我們的美麗，但不是透過收緊腹部、整容手術、神奇面霜，或者時髦的髮型。神渴望能夠從我們裏面的深處，恢復我們的美麗。

先知以西結了解屬世美麗的本質是不忠貞的，他給我們一幅關於真實美麗的圖畫。他在談及以色列國的復興時說：「他的枝條必延長；他的榮華如橄欖樹；他的香氣如黎巴嫩的香柏樹。」（何十四6）舊約學者馬文．威爾遜（Marvin Wilson）在他的書《我們的父親亞伯拉罕》（*Our Father Abraham*）解釋這個意象：

> 橄欖樹的樹幹扭曲而柔軟，葉子灰綠。對那些西方人（Occident）來說，它似乎不是一棵特別美麗的樹。但對於那些東方人（Orient）來說，橄欖樹有藝術性的外型，歷世歷代來都被人欣賞……。橄欖樹以長壽著名……橄欖樹的根部（比較羅十一8）是特別結實的。在多石的泥土，以及炎熱乾燥的土

> 地上，仍然發旺生長……橄欖樹因著它結果子的能力而受到珍視。……〔而且〕橄欖樹的枝子長久以來是平安的象徵（比較創八11）。[3]

被世界的美麗形象所淹沒的女性，惟有透過聆聽和應用神關於神美麗的信息，才可以找到真正的美麗。當我們深深植根在敬拜的土壤中，認識自己是由一位有美感的神所獨特創造的，那麼，我們的美麗便得到復原。我們又認識到，在基督犧牲的恩賜中，神為我們塑造了終極的美麗。我們又認識到，我們是為了永恆的事物而被造的，而且我們可以結出基督的果子來，因為在祂裏面的救恩能產生一個美麗的生命。

敬拜教導我，擁有真正美麗是甚麼意思。它也滿足我深切渴望要被認識的需要。使徒保羅寫道：「若有人愛神，這人乃是神所知道的。」（林前八3）當我認識那一位定意叫我存在的神，知道祂是認識我，並且是愛我的，那麼，我心裏的問題：「這是否真正的我？」就有了答案。

然而，在地上活著的日子，我對自己和對神的認識都是蒙上面紗的。使徒保羅認識這一點，他說：「我們如今彷彿對著鏡子觀看，模糊不清。到那時就要面對面

了。我如今所知道的有限，到那時就全知道，如同主知道我一樣。」（林前十三12）

但我的限制卻不能限制一位無限的神。那一位認識和看見一切的神，已經「完全認識」我了。我裏面最深切的渴望是要被認識，但我又明白在天家的這一邊，我對自己的認識是有限的。這個真理協調了我的渴望與限制之間的張力。我憑信心踏出，我必須要安息在這個知識裏：神親切地認識我，而且祂對我的認識為我創造了神聖的命運。

鏡子啊，在牆上的鏡子，我知道誰是最漂亮的。祂的名字是耶穌。因著祂的緣故，我不能像世界一般，為美麗下定義。肉體與心靈的連結是錯綜複雜的，而我的生活必須由聖靈所支配。因此，我追求效發的美麗典範，必須是一些敬拜神的女人。她們的生命是由神的靈所掌管，並且流露出基督的果子。當我在鏡子和百貨公司櫥窗裏遇見自己的影像時，我必須選擇透過神話語的鏡子，還是用這世界的鏡子來看自己。我所作的抉擇是生命和死亡的分別；是製造偶像，還是成為聖殿的分別。

望進鏡子裏

個人反省

1. 我們往往把自己分為兩部分。一部分是我們喜歡自己的地方，另一部分是我們不喜歡自己的地方。比如：一個女人可能説，她喜歡自己的眼睛，但卻討厭自己的腿部。你是否把自己看成為不同的部分呢？

2. 神是否按著祂的形象來創造我們某些部分，還是按著祂的形象來創造我們整個人呢？

3. 耶穌救贖我們一部分，還是救贖我們整個人（包括身體、思想和心靈）呢？

4. 敬拜是與神同在的生活。求主教導你（或者繼續教導你）每時每刻活在祂面前是甚麼意思。

5. 敬拜怎樣釋放我們脱離這世界的美麗標準呢？

6. 要記住，錫安是一個讚美的地方。讀詩篇五十篇2節。解釋這段經文如何幫助我們對美麗有正確的認識。

7. 讀雅各書一章23至25節。神的話語是我們生活中的鏡子。這段經文在這方面有甚麼教導？換句話說，如果我們要反映神的影像，我們該做甚麼呢？

5 偶像與聖殿

她努力地把那些重壓著她的疑惑和恐懼隱藏起來，但她的行動說明了很多。

她同樣也聽到那些聲音。她在偶像面前擺上她的祭物，破壞了她的聖殿。她的家中沒有藏著金牛犢和巴力的像。但在她心靈的隱祕處，隱藏著她不安全感的地方，卻充滿了她的偶像。偶像和聖殿都不一定全是由磚頭、石頭或者黃金所造的。

每日的慣常行為，已經成為我們本質的一部分。我們不能夠辨識自己的表現是偶像崇拜的行為，更不用說的是，我們自己就是那些祭牲。

偶像崇拜

不同的女人，不同的儀式。但渴望卻是一樣的。接納。得到別人和自己的接納。這個女人穿梭於無窮盡的時尚減肥計劃中，為要尋求完美的形象。這個女人需要用很昂貴的珠寶作裝飾，為要得著貴重無價的感覺。這個女人在洗澡之前和之後，都量度一下體重，期望體重的數字會改變。這個女人以為自己就像她們的外貌一樣的好。這個女人被每一樣食物所困擾。這個女人要計算每一口食物的卡路里和脂肪量。這個女人要尋求一個令自己可以接受的外型，所以，她們要改變頭髮的顏色，來配合自己的心情。這個女人服用減肥藥丸，就「只是為了多減幾磅」體重。這個女人不化妝，就不能在公眾場所亮相，因為她感到太脆弱了。這個女人不能在公眾聚集時吃東西，因為她害怕別人會論斷她吃甚麼。這個女人不可以錯過每一次在健身室鍛煉的機會。倘若這個女人縮短了踏健身單車的時間，她就會責備自己。這個女人暴飲暴食之後，便吃瀉藥。她們不單拚命地控制體重，也要拚命地操控自己的生命。不同的女人，不同的儀式。但捆綁卻是一樣的。

不快樂。無能。被奴役。我們的偶像都不一樣，但它們帶給我們的感覺都是相似的。我們偶像崇拜的真相令人感到沉痛：我們關心別人對我們的看法，多於關心神對我們的看法。

雖然我們不會向黃金和石頭下拜和禱告，但當我們不斷地用世界的成功和美麗的標準，來評估自己的時候，我們便是向這個世界的形象鞠躬了。在拚命按著世界的形象來改造自己時，我們不僅不能理解我們在基督裏的美麗，我們往往扭曲了神的創造。當我們容讓外在的特徵決定我們的價值時，我們便是出賣真正的美麗去換滿手污垢。我們説服自己，這個世界比美麗的創造者更加清楚知道如何評估美麗，於是，我們出賣永恆的，來換取短暫的；出賣純潔的，來換取情慾的；出賣正直來換取接納。

以色列人也是出賣她的屬靈美麗，來換取世界偶像的美麗。先知以西結責備以色列人褻瀆神的聖殿，他宣告説：「論到耶和華妝飾華美的殿，他建立得威嚴，他們卻在其中製造可憎可厭的偶像，所以這殿我使他們看如污穢之物。」（結七20上）因著她屬靈的淫亂，以色列受了極大的破壞，失去了平安（結七25）。

雖然我們沒有被鐵鍊所捆綁，我們的家也沒有被擄掠的軍隊所夷平，然而我們的偶像崇拜，使我們陷入捆綁中。我們被世界的標準所束縛，卻沒有被十字架的標準所規範。

同時，為了表現得屬靈，我們卻在自己的囚牢中，大聲宣告說：屬靈的事物比任何短暫的事物都來得重要。然而，我們的生活又在說明甚麼呢？我們注重用甚麼來餵養我們的靈魂，更甚於用甚麼來餵養我們的身體嗎？我們花較多的時間來塑造靈修生活，更甚於身體造型嗎？我們喜歡從聖靈中得安慰，更甚於從食物中得到滿足嗎？我們花較多的時間預備我們的心靈，更甚於美化我們肉體的外表嗎？我們投資較多的金錢在神的國度中，更甚於改善自己的生活嗎？我們被那些流露出神形象的人所吸引，更甚於追求世界的美麗形象嗎？

聖經清楚說明，一個分割的心是怎樣的。我們不能尋求世界的榮耀，又尋求神的榮耀。在神對美麗的標準，或是世界對美麗的標準之間，我們最終只能體現其中一個。當我們集中在世界裏尋找我們的意義和價值時，我們就看不見神。耶穌說：「你們互相受榮耀，卻不求從獨一之神來的榮耀，怎能信我呢？」（約五44）我們尋求誰的榮耀呢？誰的意見才是真正重要的呢？我們要體現哪一種美麗的定義呢？

我們可能有效地隱藏了偶像的崇拜，周圍的人並不發現。但那位眼睛已經看透我們未成形體質的神（詩一三九16上），也是那位知道我們心靈最深處在敬拜甚麼的神，祂看透我們生命的核心。祂知道當我們用嘴唇榮耀祂的時候，我們仍然繼續在追求世界的美麗。悲哀的是，我們往往未能認出自己內心有雙重性的形象。我們從自我欺騙的狀態中醒覺後，便發現自己與世界已陷於一個淫亂的關係中。我們醒覺到自己已經離棄了我們靈魂的愛人，換來的就是空虛。

納撒尼爾．霍桑（Nathaniel Hawthorne）在他的小說《紅字》（*The Scarlet Letter*）中，用迪麥士達（Dimmesdale）牧師這個人物，詳細地描述一個分割的心所帶來的破壞。他與一位已婚的教友發生淫亂的關係。但因為他太懦弱的緣故，便不敢認罪。迪麥士達一方面隱藏自己的罪，另一方面卻掙扎著要繼續他的公開服事。他經歷到肉體和靈性的衰敗。霍桑警戒我們，一個分割的心的生活，會造成混亂。故此，他在談及迪麥士達時說：「沒有一個人能夠長時間地，在自己面前表現一個面孔，但在眾人面前，又是另一幅面孔。他最終會陷入混亂，不知哪個面孔才是真實的。」[1]

用一個分割的心來生活，會引致最嚴重的後果就是：最終我們會失去認知的能力，不知道哪種愛會帶來生命，哪種愛會帶來死亡。

雖然迪麥士達嘗試要為他的羊羣，繼續作一個無瑕疵的牧者。他學習到一個痛苦的功課，就是人的外在行為與內在生命，是錯綜複雜地相連的。他肉體的淫亂行為，影響了他的靈命健康。他靈裏的疾病，也反過來令他的身體衰殘。雖然迪麥士達的淫亂行為，本質上是屬乎肉體的，但他的罪證明淫亂是從他心裏面開始的，因為我們容讓其他的渴慕，超越了我們對神的渴慕。

當我們注目在改善我們的身體，而不改變我們的心靈時，我們就是選擇了世界。神學家亞伯拉罕．賴特（Abraham Wright）寫道：

> 許多人羞於被人看見神創造他們的樣子，但甚少人羞於被人看見魔鬼造成他們那個樣子；許多人因著外表的一點瑕疵而受到困擾，但甚少人會因著內在生命最嚴重的缺陷而感到困擾；許多人購買人工化的美麗，以補救天然美麗的不足，但甚少人會以屬靈的方法，以補救靈魂超自然美麗的瑕疵。[2]

賴特活在十七世紀。如果當時的社會是被外在的美麗所迷惑，今天的情況豈不是更加嚴重嗎？我們當中有許多人的罪就是關注別人的看法，多過神的看法。

聖殿的毀壞

她垂下頭來，雙手放在身邊，走進那幢房子。她對這房子的簡單結構十分熟悉。二十九年來，她每天都走進這房子。天花板尖頂上的十字架，平靜地映入她的眼中。平安。雕刻在門上那隻強壯、被刺穿的手，召喚她進去。安全。桌上的杯和麵包溫柔地低聲呼喚她的名字。親密。她仍然低下頭，跨過那門檻。聖所。

當她進入這座建築物時，她慢慢地抬起頭來，凝視四周的事物。她的手探進口袋裏，抓著其中一塊她所帶著的沉重石頭。她緊握著這塊石頭，來到祭壇的前面，伸出她的手。她感受到這塊嶙峋的石頭在刺痛她的皮膚。當她來到祭壇面前的時候，她回頭了。她用背向著祭壇，從最近祭壇的窗口望出去。太陽的光線射人來，使臉龐上滑下來的淚水舞動起來。

我恨你。她刺痛的尖叫聲從牆壁回響出來。當她大力扔擲石頭到窗外時，玻璃便發出破裂的聲音。**你是一個失望**。她手中扔擲另一塊石頭，打碎另一扇窗戶。**你永遠都不及格**。因著她的痛苦所產生的烈怒，使杯和麵包都翻滾到地上。一塊又一塊的石頭。那些字句從牆上回響，直至甚麼也聽不見。一塊又一塊的石頭。破碎包圍著她。破碎在她裏面。平安離開了。安全感離開了。親密感離開了。她突然倒下跪在地上，垂下頭來。她的手現在是空的。她為到所失去的而悲痛。聖所。

她聽到鬧鐘發出嗡嗡的聲音。她勉強地從牀上爬起來，便走進了浴室。她靠近水槽，輕輕地把冷水拍在臉上。她抬起頭來，凝視著鏡子。**噢，我今天醜極了**。她走近衣櫃，仔細查看她的衣物。她拿著衣服在手上，然後換了一件又一件，似乎沒有一件是她滿意的。**無論我穿甚麼都不漂亮**。最後，她決定穿一件套裝。穿上衣服後，她回到鏡子面前，完成她每個清晨的例行事務。我太胖了。一句又一句，一塊又一塊的石頭。她的靈魂聽到玻璃被打碎的聲響，也聽到那些字句在牆上的回響，直至甚麼聲音都聽不見。

當她望進鏡子，她愕然的是，為何她在一大清早，就感到破碎。

在基督徒的圈子中，我們很釋然地談論，我們要在看、聽、吃和行為方面保衛我們身體的聖殿，認為這是一件重要的事情。然而，我們甚少把我們口中關乎自己的說話，與我們談及神聖殿的事實，兩者連繫起來。我們從來不會肆意破壞本土的崇拜地方，但我們沒有重新考慮到，我們自貶的思想和話語是在破壞自己。它的影響力也是一樣的。

我們相信我們會找到在這世界上找不到的那些東西。因此，我們恭敬地進入至高神的聖殿中。我們教導我們的孩子，不要在聖殿中亂跑，並且要尊重我們星期天聚會的地方。我們要對教堂的建築物表示尊重，這是重要的，但聖經清楚地說明，神的靈並不住在磚頭和石塊所造的建築物中，祂乃是住在按祂形象而造的血肉之軀中。保羅寫道：「豈不知你們是神的殿，神的靈住在你們裏頭嗎？」（林前三16）我們就是聖殿。這是一個很美麗的概念。當我們進入與神的共融中，祂便住在我們裏面，我們靈命的本質比我們所屬的肉身，來得更加活躍。（在神進入我們生命之前，我們的靈命是死的。）我們在尋求平安、安全感和親密感的同時，我們便在自己裏面，找到我們活著的理由，因為基督是活在我們裏面的。然而，如果我們的心大聲控訴自己的不足和失敗，我們便找不到平安、安全感，或親密感了。沒有平安、安全感和親密感，就沒有聖所。

我們不能夠想像，有人肆意破壞磚和石頭所造的聖所；同一道理，我們也不能夠想像這樣的罪行可以免於懲罰。我們至少可以期望那犯罪的人能夠承擔責任。否認做錯事，或者對違法行為的嚴重性不屑一顧，會觸怒我們的公義感。我們最有可能就是期望他明白，他所褻瀆的聖所，並不僅僅是一座建築的結構。他惡意破壞的行動，違反了與敬拜連在一起的平安、安全和親密的意識。他鹵莽的行為破壞了我們的聖所。

正如毀壞人手所造的聖所一樣，我們毀壞神所創造的聖殿時，也必須承擔責任。我們不可以仍然以為，那些控告自己的字句是無關重要的。我們知道字句是重要的，否則我們不需要祈求神說：「願我口中的言語、心裏的意念在你面前蒙悅納。」（詩十九14）

貶低我們身體、思想，或者靈性的想法和字句，是毀壞神聖殿的石頭。神宣告這是種肆意破壞的行動，是必定要受懲罰的。即使在神無限的憐憫和恩典中，神的本性仍然是要求公義的。保羅寫道：「若有人毀壞神的殿，神必要毀壞那人；因為神的殿是聖的，這殿就是你們。」（林前三17）我們未能理解我們自身的真實美麗，便破壞了我們作為神聖殿所帶來的真正美麗。平安、安全感和親密感都失去了。聖所也失去了。如果我們不珍惜這個聖殿，我們就不再是聖殿了。

合宜的獻祭

你必定以為我覺得女人應該不化妝、戴首飾，並且應該穿粗衣麻布。在你有這個想法之前，讓我先具體說明我的信息。

用石頭或黃金製造出來的雕刻品，本身不是一個偶像。是敬拜者的心令一件物件成為偶像的。珠寶、化妝品以及衣著本身沒有能力成為偶像。是我心裏的動機（我從這些東西中渴望得著甚麼）決定它們是否偶像。如果我需要珠寶、化妝品、或者流行服飾，來讓自己感到有價值，那麼，我就是把那些物件轉化成為偶像了。因為我期望能夠從它們那裏，得著只可以從我們聲稱所敬拜的那一位中得著的。

追逐肉體難以捉摸的美麗應許，其破壞的程度不下於逃避肉體的美麗，甚至到了殉道的地步一樣。女人要成為屬靈，是不需要放棄珠寶和化妝品的。相反，稱一切的化妝品和珠寶為罪惡的，是同一個偽造錢幣的另一面，因為它也是注目在肉體上，而不在屬靈的事物上。

這只不過是關心外貌，多過內在的品格的另一個表現方式。凡以肉體的質素，不以屬靈果子作為靈命的衡量標準，都是誤導和有破壞性的。

我也不是提倡我們的飲食和生活，可以不必理會肉體的本質。神創造我們的靈性和肉體。吃甚麼、吃多少，都會影響我的身體，我不能忽略。同樣，我也不能否認，神創造我的身體是能夠活動的。因此，活動對我的健康是重要的。我只是說，我不可以容讓食物和運動來決定我的價值。我必須尋求神的智慧，如何保持這一切事物的平衡。

畢竟，我的身體是聖殿。

故此，我的身體並不屬於自己。同樣，神期望我在服事祂的時候，能使用祂給我的才幹。而且，神也期望我將身體獻上給祂。

> 豈不知你們的身子就是聖靈的殿嗎？這聖靈是從神而來，住在你們裏頭的；並且你們不是自己的人，因為你們是重價買來的。所以，要在你們的身子上榮耀神。（林前六19～20）

當我渴求得著世界的美麗時，我必須僅記神為我和我的身體付上了代價。當我被試探要誹謗我肉身的外貌時，我必須記得我的身體，以及我的靈魂都屬於神。

我是一個祭牲，但這並不是獻給世界偶像崇拜式的美麗。保羅勸勉我們：「所以，弟兄們，我以神的慈悲勸你們，將身體獻上，當作活祭，是聖潔的，是神所喜悅的；你們如此事奉乃是理所當然的。」（羅十二1）按著《新美國標準聖經》譯本，這段經文的下半部分是這樣翻譯的：要獻上我們的身體，作為一個祭牲。這是我們「在敬拜中屬靈的服事」。因此，我的身體不單是永生神居住的地方，它也是一個榮耀神的工具；一個敬拜神的媒介。因為我的身體是對神的獻祭。我生命中的一切都服在神的權柄之下，包括我衣著、飲食和生活方式。但神不要求我們過律法主義的生活，祂更多關注我們的動機。耶穌來是要帶給我豐盛而美麗的生命。祂來是要賜給我們自由。

我們有一個選擇：自由或者捆綁。我們不需要仍舊受世界的美麗形象所捆綁。我們也不需要，仍舊被文化的毀滅性力量所破壞：

> 因為，隨從肉體的人體貼肉體的事；隨從聖靈的人體貼聖靈的事。體貼肉體的，就是死；體貼聖靈

的，乃是生命、平安。（羅八5～6）

我們選擇生命，就是選擇了轉化的過程。

望進鏡子裏

個人反省

1.「現在你們既然認識神，更可說是被神所認識的，怎麼還要歸回那懦弱無用的小學，情願再給他作奴僕呢？」（加四9）使徒保羅寫這些話，是形容我們在基督裏的自由。雖然這封保羅書信，是對抗猶太人以行為為本的信仰。這段經文幫助我們了解，當我們追求這個世界的美麗時，我們便把自己置身於捆綁中，而當我們追求神的美麗時，卻會帶給我們自由。

為何說世界的美麗標準是「懦弱無用」的呢？

我們怎樣仍舊「情願再給它（這世界的美麗）作奴僕呢？」

2. 花一點時間審查自己的心靈。思想在你的生命中，有甚麼地方仍然對自己的價值，有感到不安全的掙扎。請界定有掙扎的地方在哪裏。

這些掙扎與你關注別人對你的看法，有甚麼關係呢？

3. 偶像是我們在神以外所尋求的倚靠。偶像也是我們在神以外獲得身分的東西。關注別人的意見，對我們的生活是有幫助的，因為它可以推動我們，作出好的抉擇。然而，我們往往太在意要給別人好印象。我們關注別人對我們的看法，是因為希望他們能夠見到基督。我們關注別人對我們的看法，也可以是因為想得到別人的好感。這兩種心態是有很大的差別的。你對別人意見的關注，是否已成為你生命中的偶像呢？換句話說，在別人對我們的看法，與神對我們的看法兩者之間，哪一個看法更多支配我們的行動呢？在回答這個問題時，請讀約翰福音五章44節。

4. 還有甚麼肉體美麗的元素是你生命中的偶像呢？

5. 讀彼得前書一章18至19節。這段經文與你作為永生神聖殿的價值，兩者有甚麼關係呢？請解釋。

6. 你對自己的想法，是否破壞了在你裏面的聖殿呢？如果是的話，請具體説明，這些思想如何拆毀神要在你生命中所建立的。

7. 你的身體還有甚麼地方，仍然需要獻給神作祭物呢？

8. 讀加拉太書五章1節。在認識神的美麗的旅程中，你可以應用這節經文。請用你自己的字句重寫它。

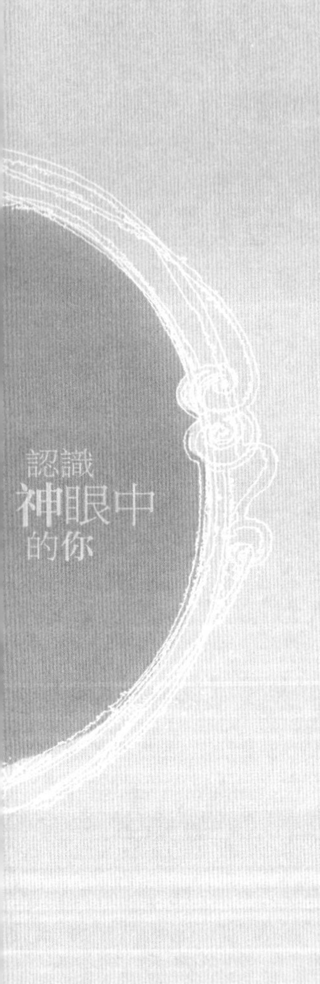
認識
神眼中
的你

6 新的觀點

有一個夏天，我與丈夫帶一羣年青人到芝加哥的舊區，展開宣教旅程。當東道主開車送我們到鬧市中的住所時，我們見到遠處有兩幢很大的建築物。其中一幢明顯是比另一幢高。我們詢問東道主，那幢較高的建築物是否西爾斯塔（Sears Tower）。令我們覺得驚訝的是，他說我們把約翰．漢考克大樓（John Hancock Building）誤以為是西爾斯塔了。我有一點自大，也十分無知，斷定這東道主是很少出外走動，或者他不察覺西爾斯塔是全芝加哥最高的建築物。他認為是約翰．漢考克大樓的建築物，很明顯比他稱為西爾斯塔的建築物大得多。

然而，當我們繼續到處逛芝加哥的時候，我們的觀點改變了，最終與東道主所堅持的一致。那座比較高的建築物，變得較為矮了，而那幢較為矮的，變成為全市最高——兩者之間的分別明顯可見。

在那一天，我學習到：我們的觀點取決於我們所站的位置。

同一個夏天的較早時，我的丈夫和我曾到新澤西州（New Jersey）探訪一些大學朋友。我在過去四年沒有遇上他們其中一個。期間我的體重增加了三十磅，我再次為我以為已經處理好的課題掙扎。在我探訪一個特別的朋友時，神帶領我走上一條認識祂美麗的新路徑。

我們是在大學二年級時認識的。當時，她是我那層宿舍的宿生輔助員。我們的父親都是在同一個宗派裏當牧師的，所以我們有親屬般的感情。現在，我們都結了婚，也正在追求我們個別的呼召。我們歡喜並帶著驚訝地彼此問安。她像我一樣，在過去的歲月中，體重增加了很多。我不再為到要保持大學二年級的樣子，而感到有壓力。我也不再憂慮，她對我身體上的變化有甚麼看法。

當我們分享神教導我們的功課時，我知道我們都為要看到自己的真正美麗而掙扎。我與朋友翻閱一本大學時代的照片冊時，神教導我一個關於觀點的重要功課。在翻閱照片冊時，我的朋友不經意地評論說：「你知道當我看到這些照片時，想到甚麼嗎？我想我那個時候，比現在消瘦得多了。」我坐著沉默了一會兒，思想她的説話。然後回應説：「我也是這樣想。照片中的我比現在消瘦得多了。但我也記得，當我拍這些照片的時候，我**認為**自己是很胖的。即使在那個時候，我也不滿意我自己和我的外貌。」

這些照片提醒我，那時候我曾經尋找一些與我身材一模一樣的人，好讓我能夠客觀地評估我的外貌。但每一次當我評估我的美麗時，我完全失去客觀和觀點，因為我是透過世界的眼光來看自己，無論我見到甚麼，都不會滿意。我從來都不夠纖瘦，不夠漂亮，或者不夠聰明。我永遠都不能達到標準。可是，我最大的失敗並不是達不到世界的標準。我最大的失敗是，未能看見神的美麗遠超過世界的美麗。兩者的分別明顯很大。

正如我要有合宜的觀點，才能看見哪座建築物在芝加哥鬧市中是最高的。同樣，我也需要合宜的觀點，來看哪種美麗是真實的——是世界的美麗，還是神的美麗。

真實的事物就能展現美麗，美麗的事物能展現真實。十八世紀的英國詩人約翰．濟慈（John Keats）寫道：「真理就是美麗；美麗就是真理。這是你所知的一切，也是你需要知道的。」[1]所以，如果我想認識美麗，我就需要認識真理。如果我要活在美麗中，我就必須要活在真理中。

當我們用神的眼光來看事物，就可以有合宜的觀點。所以，要對美麗有真實而正確的觀點，我必須在能用神眼光看事物的那一位裏面，找到我的身分。換句話說，要認識真實的美麗，我必須與基督認同。韋氏字典（Webster's dictionary）給「身分」（"identity"）的定義是：「在不同的事例中，也有相同的要素，或是同類的特質」。[2] 我的身分是真我的核心——「相同的要素……特質」——無論在甚麼處境，我都是基於這個不變的常數而被定義的。雖然如此，從基督裏的身分了解我們的個人特質，並不是被動的。在基督裏面的身分是有能力、有生命的力量。我的身分界定和塑造我的生命：「我已經與基督同釘十字架，現在活著的不再是我，乃是基督在我裏面活著；並且我如今在肉身活著，是因信神的兒子而活；他是愛我，為我捨己。」（加二20）我對肉體美麗的理解，連同我肉體的慾望，都已經與基督釘在十字架上。因此，現在蘊藏在我裏面的美麗，是屬乎聖靈，不是屬乎肉體的。

再者，現在我的身軀，連同我的美麗，是我與耶穌基督關係的一個標記。保羅在書信中曾經闡述這個概念：

> 原來基督的愛激勵我們；因我們想，一人既替眾人死，眾人就都死了；並且他替眾人死，**是叫那些活著的人不再為自己活，乃為替他們死而復活的主活**。（林後五14～15）

我的生命不再是關於我的。我的美麗也不再是關於我的。以世界的形象來創造我自己的美麗，就是從我在基督裏的身分，把我的美麗分隔出來。堅持世界的美麗形象，就是拒絕把我的慾望釘在十字架上，並且蓄意地活在肉體中。

於是，兩個問題產生：我如何活出在基督裏的身分，以及我又如何將我觀點從屬世的美麗，改變成為屬靈的美麗呢？畢竟，我有肉體，也有靈魂。我不可只是說，我的外表一點也不重要。

耶穌用一句簡單的說話，來總結我們如何在祂裏面找到我們的身分和美麗。當耶穌被問及哪條誡命是最大的，祂回應說：「你要盡心、盡性、盡意愛主——你的神。這是誡命中的第一，且是最大的。」（太二十二37～38）當我全心全意追求神時，我的渴望也會改變。屬世的慾望會死掉，我新的慾望是能夠活在祂裏面，並且為祂而活。我在基督裏面找到我的身分，我容讓我的一切——包括心靈、思想和身體——都由神來界定。

神已經賜聖靈給我們，幫助我們明白我們的新身分。

> 因為凡被神的靈引導的，都是神的兒子。你們所受的，不是奴僕的心，仍舊害怕；所受的，乃是兒子的心，因此我們呼叫：「阿爸！父！」聖靈與我們的心同證我們是神的兒女。（羅八14～16）

如果我們容讓聖靈引導我們，就不致於被這世界的美麗標準所奴役。相反，我們可以得著自由，尋見我們在基督裏的真實美麗。聖靈「同證我們是神的兒女」。我們便會從神的眼光看自己和我們的美麗。

我將有一個合宜的觀點來認識美麗，因為我不用世界的眼光來看自己，而是用神的眼光來看自己——是在基督裏的。

將我們的身體獻上給神，是神要在我們身上完成的惟一工作。使徒保羅催促我們，要將我們的身體獻上，作為「活祭，是聖潔的，是神所喜悅的；〔我們〕如此事奉乃是理所當然的」（羅十二1）。根據《聖經新釋》說：「這個活祭也包括思想。然而，我們的思想必須首先被更新，才可以獻上給神。這是一個更新的神蹟，是把短暫和永恆的實體重新調整。」[3]

保羅繼續說：

> 不要效法這個世界，只要心意更新而變化，叫你們察驗何為神的善良、純全、可喜悅的旨意。（羅十二2）

換句話說，要尋找我的美麗，祕訣不在於轉化我的身體，而是在於轉化我的思想。

令人感激的是，思想的轉化並不是倚靠我的能力。同樣也是神的聖靈給我指引和智慧。

> **你們若愛我，就必遵守我的命令**。我要求父，父就另外賜給你們一位保惠師，叫他永遠與你們同在，**就是真理的聖靈，乃世人不能接受的；因為不見他，也不認識他**。你們卻認識他，因他常與你們同在，也要在你們裏面。（約十四15～17）

要明白聖靈在轉化我們對美麗的想法的過程中所扮演的角色，我們必須要認識到聖靈是真理的靈，會給我們辨別的能力，認識神美麗的真理。我們所聽到的說話是展示神的心意，因此是與神的話語一致的。然而，如果我們不願意聆聽，也不願意遵行神命令的話，我們就聽不到聖靈的聲音。同樣，如果我們堅持要從世界的觀點來看自己，聖靈也不能向我們展示神美麗的真理。當我們追求從神的美麗觀點來看自己和別人的時候，聖靈便會擔當祂的角色，作我們的勸慰師。

轉化是一個過程，而不是一個事件。它需要每天更新。保羅對第一世紀的以弗所教會信徒說：「又要將你們的心志改換一新，並且穿上新人；這新人是照著神的形像造的，有真理的仁義和聖潔。」（弗四23～24）更新心思意念是需要行動的。我們要「穿上新人」。保羅在另外一封給哥林多教會的書信中，形容這個過程是「將人所有的心意奪回，使他都順服基督」（林後十5）。

換句話說，我必須**選擇**用神的眼光來看自己。我必須**選擇**，從事物的屬靈重要性來思考生命中的一切事物。我必須**選擇**不理會世界對美麗的定義。當我吃任何食物時，我不再用它是否使我肥胖或纖瘦作為衡量的標準。我們也不再為了可以穿上某個尺碼的衣服，而定意做運動。我為身體作抉擇的準則，是甚麼能為我的聖殿帶來力量和健康，以致我可以完成神給我的任務。與其確保我的頭髮是否妥當，我會確保我的心靈是妥當的。

與其擔心我的首飾與我的套裝不相襯，我會詳細考慮到底我的態度是否與我所宣認的信念一致。與其疑惑別人是否看到我肉體上的美麗，我會留意別人是否能看見我裏面的基督的屬靈美麗。但這個過程不是沒有掙扎的。

在容讓神轉化我心思意念的過程中，我面對的最大爭戰就是當我在照片中見到自己。或許你會明白慣常的情況是怎樣的。你看見朋友和所愛的人時，便會微笑。但當看見自己的樣子時，便笑不出來。打量、批評和拒絕。你會無意中將自己與照片中的其他人比較起來，可能甚至希望自己不在照片中。但若你盼望自己不存在時，你同時也洗掉了那些回憶。

神不斷地提醒我，照片所挑起的回憶，比我認為自己在照片中是甚麼樣子，來得更加重要。你是否因為頭髮不好看，衣服太不體面，或者你覺得自己太肥，而逃避照相機呢？不要欺騙自己和別人，使自己失去回憶的遺產，因為你從錯誤的角度來看你自己。

試想像一下，有個女人進人一間商店，買了一條漂亮的珍珠項鍊。珠寶商人將那條項鍊放在一個細小又平凡的紙盒中。她回家之後，便自豪地炫耀她買的東西。她的朋友不管盒中有甚麼，便七嘴八舌地談論那盒子。她們花了很多小時討論，如何用絲帶和蝴蝶結來裝飾它。她見到自己的朋友這麼看重這個盒子，便每天花好幾個小時觀看這個盒子，想知道它是否與別的盒子一樣美麗。終於，她開始疑惑為甚麼那個珠寶商人不給她一個更漂亮的盒子。日復一復，她埋怨她的盒子不夠好，希望這個盒子是更加貴重的。然而，她從來沒有打開過這個盒子。真正的美麗依然被隱藏，沒有人能欣賞和分享到。

我們說，這實在是可笑的。可是，神已經將一個無價的珍寶放在我們裏面。我們卻日復一日地埋怨，不滿意藏著它的盒子。真實的美麗依然被隱藏，沒有人能欣賞和分享到。

我的頭髮、臉和身軀，甚少讓別人知道我的熱愛、夢想和恩賜。然而，如果我的身分是在基督裏面的話，我裏面的真我便可見於我的行動中。活在聖靈裏的生命是以某些表現作為標誌的——生命的果子——並不是以外貌作為標誌的。「聖靈所結的果子，就是仁愛、喜樂、和平、忍耐、恩慈、良善、信實、溫柔、節制。這樣的事沒有律法禁止。」（加五22～23）

屬靈果子的成長需要心思意念的轉化，因為我的思想和信念決定了我的行為：

> 因為聽道而不行道的，就像人對著鏡子看自己本來的面目，看見，走後，隨即忘了他的相貌如何。惟有詳細察看那全備、使人自由之律法的，並且時常如此，這人既不是聽了就忘，乃是實在行出來，就在他所行的事上必然得福。（雅一23～25）

如此，我愈多研讀神的話語，並且**實在行出來**，會相應地轉化，更像基督的形象。我愈追求基督，就愈能夠用正確的觀點來看生命。

聖經一個自相矛盾的說法就是，我們愈多與基督結合，就愈多享受自由。要相信這個說法，是需要轉移觀點的。要實行這個說法，是需要轉移優先次序的。要培養聖靈的果子，是需要努力的。我們往往說服自己說，肉體上的改變比培養靈命更容易。畢竟，改變一個新的髮型不需要我找出品格中的弱點，然後讓神來推動我改變。但新的髮型不能使我脫離屬世美麗的不切實際期望。同樣，減掉十至十五磅體重也是不能夠的。

相對來說，一個新的角度與優先次序實在能使我自由。保羅在列舉我需要培養的屬靈果子之後，便補充說：「這樣的事沒有律法禁止。」注重屬靈果子的成長，使我從奴役中得到自由。

要得著這份自由，我必須從世界的鏡子轉移我的觀點，到神話語的鏡子上去。嘗試從世界的鏡子裏尋求美麗，只會令我破碎和迷失。然而，我若在神話語的鏡子中忘我的話，會顯露從來未有過的最大美麗。畢竟，神的話語正正能夠反映使我們得釋放的真理。

容讓神教導我如何愛自己，這樣不但可以改變我的生命，也可改變別人的生命。耶穌知道，當我們以全人來愛神的時候，便能產生一種自然傾流的愛。耶穌重申那條最大的誡命後，便補充說：「其次也相倣，就是要愛人如己。」（太二十二39）我們那些掙扎如何愛自己的人，雖然認識關於愛自己的真理，但卻不確定怎樣把它實踐在愛別人上。我們愛別人往往是基於對肯定和價值的需要。嚴格來說，我們對別人的愛是自私的。我們的本意是想無私地愛別人，但自己的不安全感，叫我們利用人來衡量自己的重要性。因為我們最終會在一些使我們覺得自己重要的事物上找到我們的身分，所以，我們便會不適當地除去我們在基督裏的身分，從別人身上找尋自己的身分。然而，當我在基督裏找到我的價值和身分後，就能夠無私地愛別人了，因為我不介意他們給我甚麼評價，或者是他們斷言我的價值是甚麼。我愛他們，是因著神灌注在他們裏面的價值。

我從事青年事工差不多十年，留意到女性幾方面的氣質。女孩子是有地盤心態（territorial）的。一個年青女孩子會招聚她周圍的朋友，並且無聲地挑戰任何人來打擾她的社交防線。年青男性對於友誼，是抱著比較不在乎的態度，但女孩子卻喜歡結盟，並且孤立敵人。對女孩子來說，友誼是一種對抗不安全的保護手段。

成年女人的差別也不大。我們的爭戰比較沉靜，但通常卻比較微妙複雜，而我們防衛的牆比較厚。我們感到自己不安全的強烈程度，便抗拒新的友誼。當我們的知己朋友向別人開放他們的生命時，我們就感到受威脅。我們可能甚至放棄一段友誼，因為我們害怕他們效忠別人。艾蜜莉．狄金生（Emily Dickinson）的詩歌〈一個靈魂選擇她自己的同伴〉（“A Soul Selects Her Own Society”）揭示她自己在關係上的排他性：

我已經認識她——從一個幅員遼闊的國家中——
揀選了那一位——
接著——關閉她注意力的那些活門——
像石頭一樣——[4]

我們可以理解狄金生對被拒絕和出賣的恐懼。我們也理解這種恐懼，可以使我們無能力去愛人。我們往往有意無意地，以對方所給我們的安全感程度，決定對方是否可作朋友。有些時候，我們甚至讓不安全感決定我們如何看其他女性。

然而，當聖靈轉化我們對美麗的觀點時，我們與別人的關係也改變了：

> 凡屬基督耶穌的人，是已經把肉體連肉體的邪情私慾同釘在十字架上了。我們若是靠聖靈得生，就當靠聖靈行事。不要貪圖虛名，彼此惹氣，互相嫉妒。（加五24～26）

與其將自己與其他女人比較，以致產生嫉妒，我們從神的眼光來看她們，為她們獨特的恩賜和才幹感恩。同樣，與其在友誼上有地盤心態的表現，我們歡迎新的關係，作為更有效地用基督的愛來服事的機會。

當我透過神的眼光看自己和別人時，我的生命，包括我的身體，便成為一個服事的工具，滿足它被造的目的——把榮耀和尊崇歸給一位可畏的神。

即使我活在一個短暫的世界中，我必須仍然注目在永恆的事物上。對我的孩子來說，我穿著六號碼衣服，以及對他們顯出溫柔忍耐，哪一樣來得重要呢？在婚姻裏面，對我的丈夫來說，我有堅挺的胸部和堅實的臀部，以及向他顯出忠誠和愛情，哪一樣重要呢？哪一樣使我有能力發展更大的事工呢？是我擁有無瑕疵的化妝和完全配襯的套裝，還是我培養出仁慈和節制的品格？容讓聖靈轉化我的心思意念，神便可以完全使用我的生命來榮耀祂。

我需要一個敬虔的觀點才能看見美麗。如果我倚靠自己的理解，就永遠不會有正確的觀點了。但當我信任整個世界所倚賴的那一位時，「帕子就幾時除去了。主就是那靈；主的靈在哪裏，那裏就得以自由。我們眾人既然敞著臉得以看見主的榮光，好像從鏡子裏返照，就變成主的形狀，榮上加榮，如同從主的靈變成的」（林後三16下～18）。我愈走近祂，我的觀點就愈準確。

望進鏡子裏
個人反省

1. 在你對美麗的理解中，指出你需要聆聽聖靈的智慧的一個地方。

2. 你的身分是源自基督的。這個知識該怎樣影響你對自己美麗的觀點呢？

3. 被聖靈引導是每日的操練。你該如何在每天「穿上了新人。這新人在知識上漸漸更新，正如造他主的形像」（西三10）呢？

4. 反省你一整天的思想和行動，它們與神對美麗的看法有甚麼關係呢？

5. 寫下你需要改變的思想或行動，以致你的生命符合正確的屬靈的美麗觀點。

6. 有甚麼思想或者行動顯示聖靈正在幫助你改變你的觀點？請寫下來。

7. 當你全神貫注追求世界美麗的標準時，有哪些關係是已經被影響的呢？你與其他女性的友誼，有沒有被你的不安全感所塑造呢？最少從中找出兩段關係，並且解釋你自己錯誤的美麗觀點怎樣影響這些關係。

8. 讀腓利門書六節。將這節經文應用在剛才問題所指出的關係中。當你回答這個問題時，記住那存在於盒中的真正珍寶。因此，你生命的真正珍寶並不在於你肉體的外貌或能力，乃在於你裏面的基督。

9. 讀加拉太書五章22至23節。你留意聖靈的程度決定你有多少聖靈果了收成。禱告的時候，祈求主指示你，祂渴望你的生命要生出哪兩種聖靈果子。雖然你必須要倚靠聖靈的智慧，來指引你培養這些果子，但你也必須扮演主動的角色。列出一些可以採取的具體行動，培養這些主渴望你長出的果子。

認識
神眼中
的你

7 查爾絲所造成的身體

瘦身專家以無盡的計劃和產品，承諾重新創造我們的身體，這是一點也不罕見的。然而，沒有任何試驗計劃或神奇藥丸，比懷孕更快和更激烈地改造一個女人的身體。在短短（或許是漫長的，視乎所持觀點）九個月內，不費吹灰之力便可以改變一個女人的身體，到一個難以想像的地步。

當我懷著第一個孩子的時候，起初的想法是，我的身材會更加圓潤，我會變得多麼可愛和有母性。當我不能再扣上我的長褲時，我感到興奮。當我只是懷孕第八週，也不介意我慣常穿的衣服變得緊身。我很樂意開始穿上新的懷孕衣服，所以我沒有為到未來仍有三十二週而發愁。為何我要為多增幾磅而煩惱呢？我會在嬰兒出生之後馬上減去這些磅數。

在我懷孕六個月後——我極度厭倦穿孕婦裝了——開始掌握到一個證據，就是我的臀部正以使人驚恐的速度膨脹。我的大腿看來比農家乳酪（cottage cheese），更加像農家乳酪。我的乳房不受控制地往下垂。我穿上孕婦裝時，可能會看來可愛一點，但赤身的我卻完全是另外一個模樣。我開始懷疑我的丈夫怎會認為我是有吸引力的——穿了衣服可能是可愛的——即使是有吸引力，但卻很不性感。特別是在赤裸裸的時候，我簡直完全談不上是性感！

當丈夫告訴我，我看來很美麗，我便設想，嬰兒來臨的想望必定把他的頭腦……和視野扭曲了。即使我在他的讚賞和凝視中得意洋洋，但我恐懼丈夫是妄想的，這想法沒有多大的動搖。隨著餘下的數星期過去，我的身體繼續增長。孩子快要來臨，以及我作母親的幸福遠景，分散了我的注意力。此外，我也要專心在其他事務上——在差不多看不到我的腳的情況下，努力剃腳毛；找出一條路通過狹窄的空間；以及拚命地尋找一個舒適的睡眠姿勢（但從來沒有真正找到）。那些微小的聲音提醒我，我的身體增大了（就好像我需要被提醒一樣）。我用知識來安慰自己說，這是因為我懷孕了——孩子出生之後，我便會減去孩子的重量。

我們迎接女兒來到世界的日子終於到了。一個女人產下八至十磅嬰兒和減去羊水的重量，使她感到自己是從來沒有這麼瘦的。即使在等身鏡子中看到自己的身軀，也不會削弱我所感到的輕盈感。雖然那些肥肉和下垂，依然沒有改變（還產生了一些新的），還有我的臀部——肯定仍然是在那裏。可是我感到自己是一個新的女人。我可以彎腰，剃腳毛，也可以深呼吸。我感到自己體態苗條。

但感覺是來來去去的，就像賀爾蒙會升高和下降一樣。在早期的哺乳階段，我驚訝為何這麼天然的事，會是這樣困難的。但我的女兒與我努力前進。我告訴自己，我與她會在掙扎中　同得益處。她將會得到最好的哺育，而我也會回到我懷孕前的體重。沐浴於母性的光輝中，我的精力短暫地迸發出來，我再次開始做運動了。

我的新生活開始了三個星期，現實便滴應停留下來。當我發現撫養新生孩子的要求，我的運動習慣便半途而廢了。哺乳的工作來得更容易，但卻未能如許多嬰兒書籍和雜誌所承諾的，使我的體重減輕。

我的生命改變了；我的身軀也改變了。

我身處於排山倒海的紙尿片中，深夜的餵哺也令我疲累，那些孕婦衣服很快便要擱在一旁。然而，有一件小事令我進退兩難（如果一個女人在處理衣櫃上的窘境還算是「小事」的話）。我已準備好把孕婦衣服收藏起來，但我之前增加了三十五磅，現在才減了十磅，要裸體是不可能的。我要選擇是否繼續存著這個幻想：不久之後就會減掉因懷孕而增加的體重，還是要面對一個現實，就是雖然我裏面的新生命已經離開我的身體，大部分懷孕的體重仍然存留。

我面對的挑戰，不單只是為我的新身材尋找適合的衣服，我還要為我這個新任母親尋找適合的身分。我以前是誰呢？我如何看這新的我呢？在我懷抱這個新小生命的那一刻，她馬上贏得我的心，我對愛的觀念擴闊了。我毫無保留地愛她的一切。但我要愛我的一切，這個掙扎仍舊是一樣的——一個掙扎。我見到自己因成為母親而充滿喜樂，卻又同時因著身材的改變而感到極之不滿。我怎可以這樣呢？

當我了解到這個衣服的神話故事不會在短期內出現，而我在衣著上的窘境使我加倍不滿，我尋求一個朋友精神上的支持，一起逛商店買一些更大的新衣服。我只有少量額外的金錢，以及一個女人在沒有衣服穿時的意志力作為裝備，以預備自己面對前面的挑戰。

在逛商店購物之前，我們在一間安靜的餐廳吃午飯。在給我安全感的小房間裏，遠離了更衣室的鏡子和尺碼標籤，我與朋友分享神在我的自我形象方面作了甚麼工。我不住地胡扯説，我渴望要從世界對美麗的定義中釋放出來，並且我重新立志，要尋求神創造我作為女人的美麗。

但我沒有與她分享的是，我裏面的兩面性。我相信神在我裏面已經開始動善工，向我展示祂對美麗的定義與世界的定義有多大的差別。那長期捆綁我的不濟和自我恨惡的感覺，在神愛和恩典的同在中，已經開始消散。但偶像仍然存留在我所持守的標準中。我繼續掙扎要見到我的美麗。我仍然期望有一天會減去這些懷孕所帶來的體重，或甚至減去更多。然後，我以為自己就會完全有信心，作神所創造我的那個人。

當我在大力地咀嚼法式麵包和海鮮薄餅時，談論接納自己是容易的。但當我看見更衣室鏡子和店面前櫥窗中的影像時，接納自己和擁抱自己的身體，就是極其困難的。然而，在建立某一方面的真理時，意識型態與現實也必須要吻合。

在我開始購物的時候，我決定不試穿任何褲子，因為要買一些上班用的裙子更加重要。可是，那份強烈的慾望勝過我。我決定試穿一條牛仔褲，單單只是為了要知道我穿甚麼尺碼。我越過了平常穿的寬鬆式（relaxed fit）十二碼，也越過十四和十六碼。來到十八碼面前，我靜默地沉思了一下。我臉上露出最樂觀的表情，拿起一條牛仔褲，推著嬰兒車前往更衣室。我已經為那情景作好準備，但我沒有預備好見到這些實情：每一條的妊娠紋，並且從任何一個角度來看我的身軀，都是多出一寸來。但我繼續假想，抱著一線盼望，期望那條牛仔褲接觸到我腳踝的一刻，我的身體會有神蹟性的轉化。

我起初輕輕用力穿上褲子，繼而費勁地把褲子拉上我的腿部，鏡子裏的情景使我沮喪。我仍然像一位剛生產後的媽媽一樣，只是現在我的腿部，有牛仔褲著色。我慢慢地除下那條件牛仔褲，感受到我的自尊也同時被剝奪了。我一邊歎息，一邊穿回那條彈性孕婦長褲。

當我把那條牛仔褲放回衣架上，那個女售貨員問我是否找到所需的東西。

我心裏想，**除非我有一個新的身體，才會有適合的牛仔褲**。但我卻說：「沒有，謝謝了。我打算再等一段短時間才買牛仔褲。」

她立刻明白了。她鼓勵我說：「我的兒子出生之前，我最少有二十條牛仔褲，他出生之後，我一條都穿不上。每個人都告訴我，如果我餵哺母乳，那些磅數會很快減去。事實並非如此。但到了第五個月，那些磅數完全減去了，我就可以穿上所有牛仔褲。」

我的心中有兩個想法：**你似乎不像經歷過肥胖的日子**，以及**我仍然有盼望**。

我堅持第二個想法。距離查爾絲（Charis）五個月大，仍然有三個月時間。我可能太性急了，所以我和朋友出發尋找一些日常穿的裙子。

我們找到兩件款式十分好的無袖背心裙，可以隱藏所有妊娠紋，以及滲漏出來的母乳。我認為我們的突擊購物行動頗為成功。畢竟，我的體重最終會下降，我便可以再穿上那些老舊舒適的十二碼牛仔褲了。

然而，查爾絲出生後幾個月，跟她出生後二十分鐘相比，我都沒有更加接近十二碼的尺寸。我感到我的舊仇敵正在我後面爬上來，我祈求神繼續動祂已經開始了的善工。我雖然繼續掙扎，但我內裏存著盼望。我掙扎、摔跤，我絕不會讓步。

在我的女兒出生之前，我以為自己在自尊感上的大部分掙扎，都已經成為過去。但在這次額外和沒有預期的摔跤時期中，我認識到學習愛自己的身體是個旅程。認識神的美麗是個過程。透過孩子出生的恩賜，觀察到身體的轉變，這只是這個旅程中的一部分。我的生命已經改變；我的身體已經改變，但神卻沒有改變。懷孕改變了我的身體，但作母親會改變我的心思意念。

我已經生了孩子——從我的身體中誕下生命——我希望我對自己的看法，是與我女兒對我的看法一樣。我知道，我需要讓作母親的身分改變自己對美麗的定義。如果我未能這樣做，就會剝奪自己作母親的喜樂。

更加重要的是，神已經透過我的身體誕下生命，我也需要從神的角度看我自己。

在這段時期中，我發現兩個關於我的美麗的重要觀念。首先，我的身體能夠帶來生命，已表現出驚人的功績。基督徒女性知道孩子是從主來的禮物，但我們甚少把這個真理與我們的身體扯上關係。正如以色列王大衛說：「兒女是耶和華所賜的產業；所懷的胎是他所給的賞賜。」（詩一二七3）然而，在生產之後，我們很快便把生孩子的驚喜，與損壞我們光滑皮膚的妊娠紋的關係忘得一乾二淨。

古代詩人大衛卻與現代女性不一樣，他了解和尊崇創造的過程：

我的肺腑是你所造的；

我在母腹中，你已覆庇我。
我要稱謝你，因我受造，奇妙可畏；
你的作為奇妙，這是我心深知道的。
我在暗中受造，在地的深處被聯絡；
那時，我的形體並不向你隱藏。
我未成形的體質，你的眼早已看見了；
你所定的日子，我尚未度一日，
你都寫在你的冊上了。
（詩一三九13～16）

司布真（Charles Spurgeon）在他的詩篇註釋中討論到，在我們被造的那一刻，我們與神之間複雜精細的連結：

> 我隱藏地躺臥著——被祢所遮蓋。在我可以認識祢，或認識任何事物之前，祢已經眷顧著我，並且把我隱藏像寶藏一樣……因此，詩人形容神與他的親密關係……雖然他還未出生，已經在神的掌管和帶領之中的。[1]

在我們被造的那一刻，我們成為神最貴重和最渴望的藝術品——蒙揀選、保護和愛。作為一個屬神的女人，我必須確認我是「奇妙可畏」地被造的，因為我是至高神有創造力的手中的產物。我是「奇妙可畏」地被造的，因為人類所能認識的其中一個最美好的親密關係——個人與神的關係，我已得著了。

可畏這個詞往往令我們聯想到一個焦慮而恐懼的人。當這個詞放在關於神能力的語境時，這個詞就帶有新的意思。對神的作為產生敬畏，就是我們絕對專注和敬畏地凝視著，在神手上那個掌心中存在著的可能性。於是，我完全定睛在神，以及祂對我生命的目的上，而不是分心，被這世界的文化所壓倒。

對神的作為產生敬畏的意思，就是明白對於我生命的可能性，遠超過我靠自己能夠做到的。這些可能性存在於一位無限的神的能力中。若這些我生命的可能性，是存在於一位無限的神的能力中，我就必須按著神給我的定義，那是「受造，奇妙可畏」，界定在被創造的那一刻我到底是誰，現在我是誰，以及我明天將會是誰。我必須像詩人一樣宣告：「你的作為奇妙，這是我心深知道的。」這些字句深藏在我裏面，渴望越過這世界的喧鬧聲，被聽到。我是由一位完美無瑕的創造者所造的，祂親切地、深深地愛著我，所以我可以滿足地安息於我在基督裏的身分。

那麼，這些討論與妊娠紋及積聚過多的脂肪有甚麼相干呢？

當我明白神的創造本質賜予我生命這大作為時，我就開始明白，在我誕下一個神所命定和創造的生命時，我的身軀完成了那艱難又使人敬畏的任務。當一個女人懷著孩子，神不會看著她那可滾動的形態，說：「我的天啊，看看她的尺碼。」相反，神看進她子宮的深處，聆聽她孩子的心跳，並且思索這孩子的生命。這個身體為這樣的生命提供養分、溫暖和保護，那麼我們為何看到它時，要拒絕那幫助我們回憶這經歷的肉身記號呢？

在懷孕期間，我與一個同工討論，表達我有信心，我的身軀會回復到懷孕之前的狀態。她直率地說：「不會的。你的身體永遠不會回復到生孩子之前的狀態。但這不會影響你的丈夫。他仍然會覺得你的身體是美麗的。可能甚至是更加美麗的，因為你的身軀給他這個孩子。」

我現在比那個時候更明白她的智慧。她對我身材的判斷是正確的。她對我丈夫的判斷是對的。母親的職分改變一切。甚至你對美麗的觀念也改變。甚至你丈夫對美麗的觀念也改變。

其次，我奇怪地發現，我的丈夫覺得相對於從前輕四十磅的我，我現在更美麗。我覺得這是難以置信的。因著我的不信，我有困難讓我的丈夫活出這個事實來。然而，在過去幾年，我認識到我把丈夫放在那個名為「社會眼中的男人」的箱子時，我低估了他真正的本性，並且他在基督裏面的承載力。

作家霍利．魯濱遜（Holly Robinson）在她的文章〈身體的傷感〉（"Body Blues"）指出，一個女人是不敢輕信自己雖然超重，但仍是美麗的：

> 「嬰兒體重」——那些在懷孕之後長期留守的額外磅數——是很多新任媽媽遇到很大挫折的源頭。這不但是當我們想到要擠進泳衣時令我們煩惱。更難處理的是深藏在裏面的恐懼：一個產後的身體使我們失去性方面的吸引力。畢竟，我們會懷疑妊娠紋、鬆弛的腹部，以及下垂的乳房有甚麼吸引力呢？……但事實上，大部分男人其實不介意女人的臀部大了，或者肚子圓了。……有一個新任爸爸，他的妻子在懷孕期間重了六十磅，產後只減去十六磅，他同意說：「我的太太是甚麼樣子，完全不影響我對她的愛慕。我甚至更愛她，因為她是一個這樣好的媽媽。」女人經常難以相信這種情

> 感——這並不奇怪。我們被傳媒形象所包圍。它們把性等同於年青、纖瘦和結實的身體，而一個媽媽的身型往往被視為不性感的。[2]

基督徒女性知道，性別特徵所伸展的深度是遠超過肉體的。或者，我們至少應該知道這一點。作家卡西．溫克斯（Cathy Winks）說，一個女人的性別特徵「與緊身裙子沒有多大的關係，它更多是關乎一個大有能力、能作成奇妙事情的身軀」。[3]畢竟，「妊娠紋、鬆弛的腹部，以及下垂的乳房」不但提醒我，神在我身體裏面的創造行動，而且也提醒我，我與丈夫之間存在著的親密關係。

可是，我們自己的不安全感往往阻撓我們與丈夫的關係。我們見到雜誌裏面纖瘦、年青的模特兒，便毫無疑問地知道，我們積聚過多的脂肪、疲倦無神采的眼睛，以及有口水味道的頭髮，是完全不能與人競爭的。我們說服自己，當丈夫與我們造愛時，他想像我們是更年青、更纖瘦，以及氣味更佳的版本。我們珍惜這些親密的時刻，但同時卻有點受到令人憂愁的不真實想像所影響。與此同時，我們的丈夫就單純地在享受我們——是我們的本相，而不是我們所想望成為的那個。

一個女人若認識自己在基督裏的美麗，她不但會容讓她的丈夫看見她改變了的身體是美麗的，而且也會給丈夫自由去告訴她，他看她的身體是美麗的。她不會基於她自己錯誤的觀念，認為他需要的是甚麼，而拒絕他的求愛。魯濱遜在他的文章〈我再可以有性嗎？〉（"Will I Ever Have Sex Again ?"）說：

> 令人難過的事實是，女人比男人更加接受這個觀念：瘦削和年青是惟一性感的方式⋯⋯正如新任爸爸鮑勃．斯奈德（Bob Snyder）說：「我不明白生一個孩子怎麼會戲劇性地改變我太太對自己在性別特徵的感受。而她不明白，對我來說，我們從醫院回家的那一天，她是跟從前一樣美麗，因為她是我的美人、我的新婦和我的愛人。」[4]

作為一個屬神的女人，我必須信任我丈夫的心。當他告訴我，他渴慕我的時候，我要相信他。他放棄了其他女人，而我就是他所揀選的。我必須讓他繼續揀選我——就正如我一樣——因為他是我所愛的，我也屬於他。

請你望進你孩子的眼睛。他帶著你和你愛人的形象，然後為神的大能作為歡樂。相對於作母親這美好機會，你身體的改變是無關重要的。不要浪費你的歲月，盼望自己是另一個人；你的孩子坐在你旁邊，望著你的臉龐，只渴望你作他的母親。

望進鏡子裏

個人反省

1. 你是否相信自己的受造是「奇妙可畏」的？為甚麼相信，或者為甚麼不相信呢？

2. 讀羅馬書九章20節。改寫這段經文，把你對你身軀的看法，與這節經文拉上關係。

3. 你在自我形象上的掙扎，怎樣影響你與丈夫在肉體和情感上的關係？

4. 當你的丈夫告訴你，你是美麗的。你是否相信他？為甚麼相信，或者為甚麼不相信呢？

5. 你是否用世界對男性的標準，來衡量你的丈夫？期望他的樣子像世界裏那種男性形象？還是期望他的思想行為，跟這世界的一樣？如果你的答案是肯定的話，這些評估怎樣影響你與丈夫的關係呢？

6. 你對自己身體的感受，怎樣影響你與孩子的關係呢？

7. 你渴望你的孩子對美麗有甚麼認識呢？

8. 你希望自己對神看美麗的觀點的認識，如何影響你與丈夫的關係？

9. 當你祈求主在你的生命中成就這些事情時，要謹記神透過先知耶利米的話說：「我是耶和華，是凡有血氣者的神，豈有我難成的事嗎？」（耶三十二27）

認識
神眼中
的你

8 模範人物

不管你喜歡還是不喜歡，別人都正在觀察你。不管你是否一個母親，別人也正在觀察你。如果可以把遺產傳遞給下一代女性，你會傳遞甚麼呢？

傳媒對女性的影響是不可否認的，但我懷疑我們是否真的認識到，世界的信息已把我們引誘至甚麼程度。我們見到少年人穿著寬鬆的長褲、身上穿洞，或者紋身，便說他們的外表反映屬世的價值觀。但基督徒女性染髮，把頭髮弄得像一個著名女明星，或是渴望成為《時尚》（*Vogue*）雜誌中的模特兒那樣，我們又認為怎樣呢？其實原則都是一樣的。

當我們不僅忽略青年文化的典型，也忽略了我們自己文化的典型，對我們自己和年輕女性來說，都是極之不利的。作為一個服事青年人的牧者太太，在面對少女穿著端莊方面的挑戰，我愈來愈感到洩氣。可是，我明白她們也像我一樣，被自己的文化所影響，並且她們也需要感受到個人的價值——即使這只表示她們淪落為物件。

當我看見少女們把美麗等同於社會的標準時，我就思想教會的女性能為她們提供甚麼其他選擇。不幸的是，我看見教會當中，有些母親願意買一些不端莊的衣服給自己的女兒，讓她們能夠融入社會。有些女性自己推動端莊衣著的標準；另外一些女性雖然衣著並非不端莊，但她們沒有意識到，美麗對基督徒女性的意義。

我們從現代心理學中認識到，對身體形象缺乏安全感，是青春期來臨的標誌。令人悲哀的是，對外表儀容的關注似乎令人愈來愈早失去童年時的天真。從前是高校年輕女性關注的事物，現在甚至侵襲七、八歲小女孩的思想。她們也為著自己的體重和外貌受困擾。

《拯救奧菲莉亞》的作者瑪莉．派佛研究文化對年青女孩子的情緒和心理發展的影響。對於文化對青春期女孩子所帶來的破壞性力量，她敲了一個很需要響起的警鐘。她談及女孩子對她們身驅所感到的極大不滿：

> 當她們的身體開始有一點圓的時候，便有人告訴她們瘦才是美麗的。這甚至是一個命令。女孩子討厭

> 那必須出席的體育課，因為在課堂中，其他女孩子會談論她們肥胖的大腿和腹部。有一個女孩子告訴我，她有次在一個體重八十五磅舞蹈員旁邊淋浴。這個舞蹈員正在嚴謹地節食。這是她一生中第一次看到自己的身軀，而感到不高興。[1]

派佛的研究調查讓我想起一個個案。我們教會中一個母親與我分享，她的女兒因著高校儲物櫃房間中的氣氛，而感到挫折。在體育課之後，女孩子常常會彼此拿起對方的衣物，看看對方是穿甚麼尺碼的。雖然這個母親監察女兒接觸的傳媒，但她卻不能保護她不受這世界的期望所影響——即使在基督教學校的環境也有這情況。

青年文化專家保羅．羅伯遜（Paul Robertson），與臨牀心理學家瑪莉．派佛所做的研究調查，雖然時間相距十年，並且兩者屬於不同的專業，但他們就傳媒對青少年女孩子的影響，得出同一結論。派佛所講的話不僅是出於她接觸青春期女孩子的專業經驗，也是出於她作為母親的個人經驗：

> 青少年雜誌是訓練女孩子「因外型而產生偏見」（lookism）的一個好典範。當我在配藥房等候醫

生的處方時，我匆匆翻閱了一些雜誌。那些模特兒全部看來都有六尺高，並且有厭食傾向。這些雜誌所強調的是化妝、時裝和體重。它們鼓勵女孩子消費、節食和運動，以建立一個能夠吸引男孩子的造型。很明顯地，這些雜誌認為，吸引男孩子是人生的惟一目標，因為當中沒有文章是關於職業、興趣、政治或者是學術上的追求。我找不到一篇文章，不是傳講「不要擔心你的感受是否良好，或者你是否真的好，只要擔心你是否好看」這個信息的。[2]

自從一九九四年開始，情況都沒有甚麼改變。縱使社會人士更醒覺到，飲食失調的普遍和危險，我們仍然奉纖瘦為偶像，向它鞠躬下拜。

羅伯遜花了「許多小時仔細翻看一期《十七歲》（*Seventeen*）雜誌，沒有任何廣告和文章是不被細仔考查過的」。他斷言說：

傳媒支配價值觀和標準的力量持續增長。我們的孩子每年用數以百計小時，與他們的傳媒英雄一起，並且花數以億計金錢，追求能看似他們一樣。那些

> 不能達到的、用電腦繪圖效果修飾（airbrushed）出來的美麗標準，甚至是那些封面女郎自己也永遠達不到，而年青女孩子正被這些標準影響。[3]

年輕女孩子是在其中一個最易受影響的人生階段中，被一種難以捉摸和空洞的理想所吸引，並且她們被指示，以此作為生活方式和身體的模範。

派佛與羅伯遜的研究調查，證實了我身為年青人牧者的太太，以及高校教育工作者的經歷。但我希望能更進一步探討，這個研究調查是否也反映出，我們青年事工中那些學生的經歷。我的研究調查既粗淺又不符合科學原則，但它證實了這個顧慮：我們的少年人正在學習一些有問題的信息。當被問及傳媒就女性的價值和美麗方面，正在傳達甚麼信息時，他們的回應是；

> 「無論你要做甚麼，你都要美麗。」（女性）
>
> 「她關心別人對她的接納，多過她對自己的接納。」（男性）
>
> 「雜誌和電視認為一個暴露皮膚的女人是性感和美麗的。」（女性）
>
> 「只有身軀。」（男性）

「一個女人的胸部必須要有某個尺碼的大小……一個女人不可以過重，或者太瘦削，但就是要『完美』。一個女人必須化妝，穿著暴露的衣服，才算是『美麗的』。」（女性）

「這完全在乎你有多性感。」（女性）

少女們最關心的，是她們與異性的關係。青少年雜誌的編輯很明白這一點，便刊登一些文章，為任何想要抓著夢中男生的女生們提供一定有效的意見，以期吸引讀者。雖然有些時候會用更微妙的方式表達，廣告商也利用同樣的概念；他們用圖片來製造一個想法：某些產品保證人受歡迎和快樂。許多推銷女性產品的廣告，會用男性的照片。有些時候，這些男性只是在背景中。另外一些時候，他們以很關乎肉體、往往性感的姿勢突出。這些男性很多時都是赤裸胸膛的，他們總是文化中的完美模範。這些廣告商給人不能磨滅的信息：人們不僅期望年青女性要有肉體上完美，她們也要渴慕肉體上完美的男性。

任何讀青年人雜誌的人都同樣會發現派佛與羅伯遜所報告的信息。《都會女孩》（*Cosmogirl!*）所突出的，是有如「尋找你完美的形象」及「荷里活最熱門髮型」的大標題與小標題。[4]即使是針對十三歲以下孩子的《女孩生活雜誌》（*Girls Life Magazine*）雜誌，也刊登一些例如是〈你！就是好一點……你要嘗試的新形象〉的文章，以及一些「會使你活得有光彩和快樂，能給你樂趣，令你非凡出眾」的產品廣告。[5]從第一頁到最後一頁，讀者面對一連串的產品承諾，能夠讓年青女孩子更漂亮、更受人歡迎，於是她們可以更快樂。這些雜誌極其缺乏品格培養的討論。

青少年雜誌對外表美麗的強調令我感到沮喪，但當我在《十七歲》雜誌讀到一個標題：「心靈探索：如何擁有內在的美麗」，[6]我有了一線希望。然而，當我快速地翻閱這篇文章，卻失望地發現當中有一個練習瑜珈的步驟列表；引用三個讀者關於祈禱的說話，以及一個步行練習的指引：「……在日落進行，能夠把（讀者）與地球的力量連接起來。」這篇文章不單沒有為內在的美麗下一個定義，更忽視了任何年齡女性與生俱來的渴求，就是要認識和得到真正的美麗。

在我青少時期的文化中，最理想的年輕女性是苗條、有漂亮的頭髮和化妝，以及穿著時髦的衣服。今天文化的觀念也相仿，但風險卻大大提高了。如果我們信任自己所閱讀的，一個年輕女孩子在性方面的吸引力是量度她是否美麗的標準。我們可能已經忘記**性感**（sexy）這個字眼的真正含義，又或者社會人士是有意憑年輕女子在性方面的能力來判斷她們。人們隨便地用這個字眼，並且隱晦及不甚隱晦地涉及它所指向的行為。這使我十分震驚。年輕女孩子打開《都會女孩》雜誌，便會找到怎樣「馬上擁有性感秀髮！」。[7]他們又可以在《年青人時尚》（*TeenVogue*）雜誌中名為〈西洋鏡：突出的春天眼部化妝，必使你受人注目〉的文章中，找到化妝的情報。[8]如果她要尋找一些防水，卻不令人討厭的服裝，可以閱讀《十七歲》雜誌的專欄「完美風暴：光滑又性感的雨天衣著」。再翻前幾頁，她又會見到「性感髮型三部曲」（"3 Steps to Sexy Hair"）。[9]如果我們說一個人看來是性感的，我們就是說，她能挑引起別人的性慾，並且暗示她是可以與人進行性行為的。這是否我們希望年輕女孩子接收的信息呢？

人們不但期望女孩子認定和利用她們的性別特徵，來得到別人的接納，人們也期望她們也同樣認定和確認男性那一方的性別特徵。在同一本《都會女孩》雜誌中，讀者要投票選「哪位男士能夠成為〔她們的〕『世界上最性感男人』那期的封面人物」。[10]這份雜誌每個月都包括一張男性照片，並且提供一個專欄，讓女孩子可以按著這位男士的外貌來評價他。從這個觀點來看，如果男性與女性能夠挑起別人性反應的話，他們就是有價值的。

廣告跟著這個風氣走，在推銷貨品時牽涉到性。在我們的商場中，有一間受歡迎的青少年物品商店，在店面櫥窗上寫著：「只要所費無幾（“next to nothing”），便可得到今日最性感的牛仔褲。」[11]「所費無幾」明顯是指到價錢而言的，但那幅圖畫卻是墮落的文字遊戲：當中有一個女人只穿著一條牛仔褲，上身是一件沒扣鈕的牛仔布外衣，她站在一個穿著牛仔褲、赤裸上身的男人的雙臂中。後來這間商店更換了新的櫥窗設計，展示的一個女模特兒穿著一件完全不扣鈕的襯衫，露出她胸部的邊緣。上面的標題寫著：「日間是毛茸茸的小貓兒，晚上是吞食男人的」。[12]

以利用「性」來推銷產品，牛仔褲公司是其中一些最惹人怒氣的。在青少年雜誌中，一個接一個廣告公然地展示女性穿著性感衣服的姿態。今天低腰牛仔褲衝擊著端莊衣著的規範。有一家公司甚至更走前一步，在推銷「可調節高低的牛仔褲」。調節牛仔褲的第五步是這樣寫的：「向下拉，到你渴望要的位置或『效果』。」這個廣告還警示人說：「只能在家中嘗試。不要拉得太低，否則會露體。」[13]有些時候，真正的產品本身卻在這些標榜性別特徵的廣告中給丟失了。

羅伯遜表達他擔心「《十七歲》及其他同類雜誌，（原文如此）把我們的女孩子貶低，以她們為她們的衣著、氣味和所用的化妝品的總和。」[14]

我會更進一步説，今天的雜誌和廣告攻勢，「把我們的女孩子貶低，以她們為她們性別特徵的總和」。最令我震驚的發現是，雖然肉體的完美對年青女孩子來説，仍然是難以捕捉的理想，但性感裸露和放蕩卻是容易的。

彷彿廣告和雜誌文章在傳播性別特徵就是美麗這概念並未足夠，很多著名的女藝術家和女明星——她們正正是今天年青女孩子的角色模範——也在傳播一樣的概念。

美國廣播公司（ABC）的20/20節目訪問歌手克理斯蒂娜·達圭利亞（Christina Aguilera），説明了文化中的偶像人物愈來愈傾向鮮明地以性別特徵為美麗的定義。在訪問的介紹部分，巴巴拉·沃爾特斯（Barbara Walters）認為達圭利亞的「新行動」是「骯髒而美麗」的。按沃爾特斯的描述，達圭利亞是「正在擺脱她的舊形象和她的大部分衣服」。[15]

達圭利亞討厭「潮流公主」的稱號，她解釋自己刻意作出這些改變的原因，是她需要忠於自己。對達圭利亞來說，忠於自己就是要擺脱偽裝，並透過暴露身體，躺開自己的靈魂。諷刺的是，她所唱的歌〈美麗的〉（"Beautiful"）卻反對把女性物化的文化概念。

青年文化專家沃爾特·米勒曾經研究過達圭利亞的音樂對現今青少年的影響，他就著達圭利亞的歌〈美麗的〉，寫了以下的説話：

> 這首流行抒情歌曲以單曲和錄像的形式發行，慢節奏和動人。那些感到自己外型不夠好、為身材形象方面掙扎的孩子們，無論是男生和女生，已經掌握了這首歌。它的信息簡單而直接：不管其他人怎麼說，你是一個漂亮的人。[16]

我們在教會也經常講出同樣的想法，但達圭利亞的重點是不同的。達圭利亞的錄像與生活方式的信息是：一個女性的美麗在於她在挑動性慾方面的能力，以及她有性方面有大膽嘗試的體驗。

達圭利亞新行動的形象富挑逗性。她又大膽斷言，她滿意自己是這樣的。與這兩方面表現交織在一起的，是有關她曾被父親虐待，接著被父親在肉體和情感上遺棄。我懷疑她是否看見，她挑逗性的性感行為與她跟父親缺乏關繫，兩者有甚麼關係。達圭利亞說：「我決不要對男人感到無能為力。」她以為蓄意的性感是「我就是我自己」的行為，她似乎是嘗試藉著暴露自己的身體，來控制男人。

有人批評她的新觀點對於作為年青少女的角色模範來說，是不合宜的。她的回應就是：「我認為當一個女人滿意自己，和滿意自己在性方面的特徵時，真是會嚇怕人的。」

然而，她所接觸的聽眾不全是女性。當她二十一歲，正在「享樂和表現自己」的時候，她有一些歌迷尚未達到九至十二歲的前少年時期。

在訪問結束的時候，評論員聲稱克理斯蒂娜．達圭利亞「或許已經為美麗重新下定義」。而達圭利亞「不管別人怎樣說，她有信心知道自己認識甚麼是美麗了」。巴巴拉．沃爾特斯在結束這部分時談到說：關於達圭利亞新歌〈骯髒〉（“Dirty”）的成功，「這個新形象對達圭利亞的事業沒有壞影響。這對她來說是好的」。[17]

對她來說是好的？這是在社會中較年長的女人要給今天年青女孩的最好回應嗎？

這個世界完全準備好把它對女性和美麗的哲學，種植在年青女子的心中。它的聲音雖然很多，但信息都是一樣的：一個女孩子的性別特徵就是她的美麗之處。可是，這是一個死亡的信息。撒但渴望藉著毀壞年青女孩的身體，來毀壞她們的心靈。

令人悲哀的是，基督徒羣體的回應未免太不足夠，叫人遺憾。作為一個青年人牧者的太太，我曾經聽到很多女性表達，對年青女子的衣著不端莊，她們感到沮喪，有一些女性則感到憤慨。我衷心認同我們要持守一個端莊的標準，但我們已經失去向年青女孩子傳遞這個信息的能力。太多時候，我們説：「不要穿成這個樣了。」便期望我們的勸導是足夠的。然而，如果我們給她們沒有其他美麗的標準，也沒有給她們指引，讓她們在基督裏認識自己的價值，我們便不能期望她們可以見到，這個世界的標準的破壞力量。

我們或許不能夠對抗這個世界對美麗的主張，因為我們太忙於吸收同樣的信息。雖然年長的女人可能不會像年青女孩子一樣，在性和不端莊的問題上面對掙扎，但我們仍然是努力要達到這個世界的美麗標準。無論我們是否有這個準備，我們都是身邊女孩子的榜樣。如果她們看見我們渴望效法世界，她們會繼續以性別特徵等等來追求世界的接納和肯定。

我的丈夫和我曾有機會與一個年青女基督徒歌手在外面吃飯。她發行了兩張專輯，又與其他著名歌手作全國性表演之後，她正面遇到對美麗的完美看法的衝擊，原來甚至基督徒也有這種看法的。有一次，當她步出機場的時候，那個接機的人歡迎她。當接機的人看見她，便驚訝地感歎她的樣子與唱片封面的相差甚遠。她回顧這件事的時候，因著這個人的失望而發笑，但她不相信有人真的會期望她在任何時間都像電腦繪圖效果修飾的照片那樣。當她談及那製作唱片的公司時，輕聲笑道：「他們甚至把我部分的臀部用電腦效果修飾了。」

我知道那些唱片封面的潤色工作是很普遍的。但我想像不到它是如此的普及——特別這是一間以基督徒藝人為主的唱片公司。為甚麼基督徒包裝和推銷唱片、書本、雜誌和研討會這些事奉工具時，以持守這世界對美麗的觀點行事呢？為甚麼我們不可以容讓女人做回她們天然而美麗的自己呢？

我們教導年青少女關於神美麗的真理，不是要指示她們如何用化妝品，以及配搭服裝，也不是鼓勵她們遠離這些東西。我們反而必須教導她們，她們的美麗藏在其靈魂中。我們必須教導她們，她們的身體是永生神的聖殿，她們會損毀及失去真實的美麗，視乎她們怎樣處理自己的身軀。

為甚麼我們沒有為撒但打擊年青女子的生命而感到氣憤呢？我們甚麼時候才會從我們的不安全感深坑中出來，在我們生命中抓著神對美麗的真理，並熱誠地把這個信息種植在年青女孩子的生命中呢？與其要努力達到模特兒的身型，我們需要成為那模範人物。

我們那些作母親的，必須明白我們的女兒和兒子，都是在觀察和聆聽著我們。他們看見我們對自己的美麗的反應，便會模仿他們所見到的。如果我們認識真正美麗的來源，我們就能幫助女兒們聆聽這個信息。

傳媒不是影響我們兒女的惟一東西。正如尼科爾·約翰遜指出：

> 如果你的十二歲、體重九十磅的女兒為著她的體重而困擾，開始想要節食的話，她是出現問題了。這不一定完全是世界的錯。沒錯，她們在學校生活，也像我們一樣，受到同樣的傳媒所攻擊，但我們是否有愛自己和接納自己的榜樣呢？如果我們不接納自己，或者自己的美麗，我們就可以預期見到我們的女兒們也會這樣做。[18]

如果我們繼續嘲笑自己的外貌和能力，當我們告訴女兒，她們是美麗的，並且神在她們的生命中是有計劃的時候，她們怎會相信我們呢？同樣，我們在家中活出的任何關於美麗的信息，我們的兒子們也會實踐出來。如果我們期望和努力要達到肉身的完美，我們怎樣教導我們的兒子要珍惜和愛護女性的靈魂，過於她們的軀殼呢？

每個基督徒女性都是她身邊年輕女子的角色模範。我們不可以逃避我們的責任，說自己沒有從事兒童或青少年事工的恩賜。神透過聖靈的力量，給我們有智慧和能力活出祂關於美麗的信息。耶穌在升天之前提醒門徒，祂為我們預備了能力。祂說：「但聖靈降臨在你們身上，你們就必得著能力，並要在耶路撒冷、猶太全地，和撒馬利亞，直到地極，作我的見證。」（徒一8）聖靈加力給我們，不單向有可能成為信徒的人解釋救恩，也要宣揚神在我們每日生活中所做的事。我們不用擔心怎樣將真理說出來，因為聖靈會膏我們，讓我們能流露神那種賜人生命的美麗的好消息。

然而，我們必須花時間來建立關係。站在旁觀者立場批評下一代的選擇，是很容易做的事。如果我們用愛來回應年青女子，並且投資在她們的生命中。她們會回應我們所說的話。

我們來看伊利莎白，就是施洗約翰的母親，與馬利亞，就是耶穌的母親的關係。馬利亞是一個於青春期的女孩子，正處於生命中的關鍵時刻。她收到天使的信息後，便去找一個更年長、可信任的親戚陪伴她。伊利莎白與馬利亞的連結，讓伊利莎白有機會在馬利亞的生命中被神使用。聖經沒有告訴我們，伊利莎白受過訓練與青少年溝通。她只是單單跟隨神，這就已經足夠了。

伊利莎白與她的丈夫「二人在神面前都是義人，遵行主的一切誡命禮儀，沒有可指摘的」（路一6）。當伊利莎白有機會說話的時候，聖靈就立刻提醒她當說的話：

> 伊利莎白一聽馬利亞問安，所懷的胎就在腹裏跳動。伊利莎白且**被聖靈充滿**，高聲喊著說：「你在婦女中是有福的！你所懷的胎也是有福的！」（路一41～42）

伊利莎白沒有與神爭辯，堅持說自己與一個青春期女孩子沒有共通之處。她只是按著聖靈的感動說話。

當伊利莎白聽到馬利亞跟她問安，她腹中的胎兒便跳動起來。伊利莎白高聲喊著說：「你在婦女中是有福的！你所懷的胎也是有福的！」伊利莎白後來說：

「這相信的女子是有福的！因為主對她所説的話都要應驗。」（路一45）伊利莎白確認馬利亞所懷的胎是世界的救主。她用屬靈的眼光看到馬利亞所懷的胎是那不朽壞的種子（Seed）。

今天的女性並非真的腹中懷著基督，但我們確實是懷著基督不能朽壞的種子。我們「蒙了重生，不是由於能壞的種子，乃是由於不能壞的種子，是藉著神活潑常存的道」（彼前一23）。我們成為信徒後，神把祂話語不能朽壞的種子種植在我們裏面，並且在我們的生活中生產出基督的事奉來。如果我們確認這種子存在於我們身邊的年青女子生命中，我們生命中的聖靈的活潑大能，是應該會在我們裏面跳躍的。

熱切地渴望認識和活出神美麗的女性的愛及指導，是世世代代的年青女孩子都需要的。我們不能完全保護我們的女兒不受文化的影響，但我們可以承認和確認她們和我們的真實美麗。這個信息是從我們的家庭、教會和社區開始的。這信息從我們開始。如果我們不承擔目標，帶領年青女子親切地認識神在她們生命中的設計，這個太容易影響她們的文化就會把她們捲入混亂中。

我們期望文化界留意到我們沮喪的聲音之後，會改變它的信息，這是天真的想法。在世界的喧鬧聲音中，我們的聲音只不過很微小。但重重的困難沒改變那指示。我們必須要愛我們身邊的年輕女子，並且向她們的生命說出真理。不要灰心。我們是一起走在這條真實美麗的道路上。當生命的旅途中遇到沒有預期的轉變時，不要害怕，因為在我們微小的聲音（whisper）裏面，有神微小的聲音（Whisper）。

望進鏡子裏
個人反省

1. 大眾傳媒傳達給年輕女子的信息是甚麼呢？請列舉具體例子。

2. 有甚麼證據顯示，這些信息正在滲透那些與你有互動關係的年輕女子中呢？

3. 一個女性的美麗是源於她的性別特徵。為何對於年青或年老的女性，相信這個信息都是危險的呢？

4. 過分強調女性特徵的風氣，如何影響那些還沒有進入青春期的女孩子？

5. 那些知名度高的基督徒，在言語行為上傳遞甚麼關於美麗的信息給年輕的女性呢？

6. 思想路得的故事：一位年輕女子願意拋開她所熟悉的一切，在異地定居。她先前完全沒有與當地人建立過關係（除了她的婆婆拿俄米之外）。路得對她的婆婆說：

「不要催我回去不跟隨你。你往哪裏去，我也往那裏去；你在哪裏住宿，我也在那裏住宿；你的國就是我的國，你的神就是我的神。你在哪裏死，我也在那裏死，也葬在那裏。除非死能使你我相離！不然，願耶和華重重地降罰與我。」（得一16～17）

對路得來說，神比她所熟悉的文化更重要，因為她相信拿俄米的神是獨一的真神。她這樣相信，因為她見到永生神的靈活躍於拿俄米的生命中。

7. 如果我們希望年輕的女子，能夠相信神是比文化更重要的話，她們必須在我們身上見到甚麼呢？

8. 拿俄米願意作路得的良師益友，這件事如何影響救贖的歷史？（參考得四17；太一5～6、16）

9. 當你明白神對美麗的定義後，你是否可以向你週遭的年輕女子說：「你們該效法我，像我效法基督一樣」（林前十一1），並「你從我聽的那純正話語的規模，要用在基督耶穌裏的信心和愛心，常常守著」（提後一13）？你的言語行為教導她們甚麼關於美麗的功課呢？

9 在面容方面

她的名字是美麗。我和丈夫巡迴牧養探訪，走進她在本地醫院六樓的病房。我們聽聞她極為痛楚。我們步入門口，便瞥見她在房間的另一邊。護士剛協助她安頓在一張椅子上。我們進入的時候，護士便離開了病房。我已經準備好要鼓勵她，與她一起祈禱。但我沒有預期會見到我所發現的事情。

她的美麗令我驚訝。

她穿著「永遠流行」的醫院長袍。她沒有化妝，頭髮也沒有梳理。她的作嘔感覺剛剛才平伏下來。痛楚仍然存在。然而，環繞著她的美麗留給我一個持久的印象。我在她的椅子旁邊彎腰，望著她說：「你很漂亮。我說的是真心話。」

她以一個諷刺性的微笑作回應，就好像是說：

「是，對的。」

她對自己美麗的不信任，遠遠超過她對醫院長袍及頭髮淩亂的焦慮。為了要打敗那些侵襲她身體的癌細胞，她剛剛割除了兩個乳房。她正在掙扎和懷疑這個改變對她的生命有甚麼影響。她完全沒有想過美麗這回事。在這個社會中，乳房被認為是界定女性是否美麗的特徵，她的自我形象已經被冷酷地變更了。

她已失去兒女在嬰兒時可以偎依的地方。她仍然是一個女性嗎？她已失去那定義她性別特徵的身體部分。她仍然是一個女性嗎？她的身體要與它自己打仗，她已失去控制她自己身體的意識。她仍然是一個女性嗎？

我從來沒有見過一個在手術後康復中的人有這樣的美麗。她的美麗不是那種配搭得很好的套裝，流行的髮式，或者完美的化妝。可是，美麗無可否認就是在那裏。當我告訴她，她是美麗的時候，我的丈夫說：「我剛才也是這樣想。」當然，她也不會相信他的話。她認為我們只是想令她感到舒服一點而已。但稍後在那天晚上，我們討論我們的探訪時，都驚訝在她裏面所發現的美麗。

在她最軟弱的時刻中，神定意要透過她彰顯祂自己。聖靈微聲對我說：「把你看見的說出來。」

我看見美麗。

她倚賴她的救主，她就找到恩典。她知道只有神可以支持她，她敬畏站立，堅決不放棄。她明白神的事情是惟一重要的事情。她尋求基督的事情，活出一個正直的生命。她是一個鬥士、生存者，也是一個有力量的女性。

她是美麗的。

她的名字叫美麗。她是一個家庭主婦，也是兩個孩子的母親。她身材高挑而修長，似乎不會為著自我價值感而掙扎。然而，她對自己的美麗有疑問。

十二年的婚姻生活。有一天，他決定要離開，另一個女人。承諾破滅了，婚姻破裂了，心也碎了。

他離開之後幾個星期，她與我在一間書室的走廊遇到。眼淚慢慢在她的臉龐上流下，她說：「我感到自己活在一個謊話中，這多個月來，我也不知道真相。」

我的心為她而碎，我不能想像那被蒙騙和出賣的痛楚。

被承諾一生都愛和珍惜自己的人所遺棄，她是孤單的。她仍然是一個女性嗎？一切使她知道自己是一個妻子的事物，現在都消失了，她仍然是一個女性嗎？那與她成為一體的人，已經將自己給了別人，她仍然是一個女性嗎？

三個月後，我們再次偶然相遇。我正在圖書館講故事給我的孩子聽。當我進入閱讀區的時候，我見到她坐在桌子旁，打開前面的書本準備要閱讀。我跟她打招呼，問候她的近況。

「我靠著神的力量努力地面對生活。」她以一個柔和的微笑回答我。她解釋她正在學習如何處理那些忽然臨到她的千萬個抉擇。她已決定重回校園。這一天，她正在溫習準備測驗。當她分享神怎樣供應她經濟上的需要時，她的臉容就發亮了。從一對新的網球鞋，以至一部舊汽車，神都為她預備了。「神就是我現在所擁有的一切。」她安穩平靜地說。

祂是足夠的。

另一個女人，在另一個時刻，有另一幅關於美麗的圖畫。

她定意讓神使用她生命中破碎的部分，來創造一些美麗的事物。聖靈微聲對我說：「把你看見的說出來。」

我看見美麗。

她倚賴她的救主，她就找到恩典。她知道只有神可以支持她，她敬畏站立，堅決不放棄。她明白神的事情是惟一重要的事情。她尋求基督的事情，活出一個正直的生命。她是一個鬥士、 生存者，也是一個有力量的女性。

她是美麗的。

她的名字是美麗。她是一個公眾人物的太太。她早已知道人們會對她的表現、行為和外表都有很高的期望。她今年五十四歲，感到要滿足這些期望的壓力愈來愈大。

但她從來沒有失去那包圍著她的恩典。其他女性在她身旁就能支取到安慰。在很多場合中——正當我感到孤單、不濟和軟弱的時候　　她的一個微笑或擁抱提醒我，我是被愛的。可是，我不但感受到她的愛，她的擁抱和微笑反映出一份更大的愛。那就是她天父的愛，是我天父的愛。

她是我的導師，我的朋友，而且她很美麗。我希望在我成熟之時，能夠像她一樣。在主日清晨忙碌的教會聚會中，我們在彼此的身邊走過時，我往往會告訴她，她是美麗的。她似乎從來不會懷疑自己是誰，或者她是屬於誰的。肯定的是，作為一個敬虔的女人，她絕對不會懷疑自己的重要性和美麗。但也有些日子，她會感到自己的期望所帶來的壓力。

於是，我告訴她，她是美麗的——因為她實在是。

當我約在九年前認識她的時候，我以她為能力的支柱，是一個面對變幻而信心仍然不動搖的女人。雖然如此，但她畢竟是一個女人，是有血有肉的。她會流淚，她會歡笑，她會驚訝，她會尋索，她會渴望。

而生命是會改變的。

她進入了每個女性其中一個最激烈的生命轉變階段。她為著慣常事務和情緒而掙扎。身體和心靈的疲憊耗盡感覺籠罩著她。她求問神，何時才可回復以前的自己。有一段日子，她只聽到靜默。

她的情緒激動翻騰。她大哭。她仍然是一個女性嗎？提醒她的身體能生孩子的記號已經消失。她仍然是一個女性嗎？晚間冒汗和潮熱——她的身體不是她的。她仍然是一個女性嗎？

九年之後，我仍然以她為能力的支柱，是一個面對變幻而信心仍然不動搖的女人。聖靈微聲對我說：「把你看見的說出來。」

我看見美麗。

她倚賴她的救主，她就找到恩典。她知道只有神可以支持她，她敬畏站立，堅決不放棄。她明白神的事情是惟一重要的事情。她尋求基督的事情，活出一個正直的生命。她是一個鬥士、 生存者，也是一個有力量的女性。

她是美麗的。

作為一個在基督裏的女性，要認識自己的旅程就是這樣簡單——一個旅程。我們活著的每一天，都是在更像基督的過程中。同樣，用神的眼光來認識我們的美麗，也是一個過程。在每一刻，我們都面對抉擇，要選擇從世界的眼光看自己，還是從神的眼光看。很多日子中，我們渴望這個旅程結束，我們達到一個地步，在愛自己方面不再有掙扎。但我們仍然未到這個地步，我們繼續努力前進。

在路途當中的一些停頓會改變我們的生命。當神開始醫治我破碎的自我形象，我希望我永遠不再為到認識自己的美麗而掙扎。但按我自己的經驗和對其他婦女的觀察，原來認識自己在基督裏的美麗是一生的過程。有些日子，我們在基督裏面的美麗是明顯的。在其他的日子，它在黑暗中被吞沒，我們要祈求有智慧的眼光，幫助我們看見這美麗。不但在此刻需要這智慧，在面對未來必然遇見的改變時，我們也需要這智慧。

奧爾德斯·赫克斯利（Aldous Huxley）以未來為主題的小說《勇敢新世界》（*Brave New World*）中，描繪一個社會，除了別的事情以外，還拒絕變老。在赫克斯利世界中的人以年老為該「排斥的」事，[1]他們「用人工化的方法保持〔成員〕的分泌與年青的水平相等〔，〕……為他們注射年青人的血液，〔並且〕保持他們的新陳代謝得到永久性的刺激」。[2]一個女人若離開了主流社羣及其人工化的程序，她的身體就要經歷自然的（對我們來說）老化過程。這個勇敢新世界的女人是用電腦繪圖效果和人造合成的刺激劑維持她們的美麗的，當這個女人回去，她便會被拒絕，別人會任憑她孤獨地死去。因為

> 沒有人有任何意慾想要見琳達（Linda）……人們不想見琳達的最大原因，很明顯就是——她的外貌。她因失去青春而肥胖；她牙齒爛掉，面容滿佈斑點；她的身材……你只要看見她，就會覺得噁心。是的，真的令人噁心。所以，就算是最好的人都會決定**不要**見琳達。[3]

琳達服食了一種叫「索馬」（soma；編按：意即

細胞體）的藥。它能產生一個脫離現實，永無休止的假期。這樣琳達逃避了一個不想要她的世界。

赫克斯利的故事是在一九三二年寫的，他的預言在今天仍真實地回響著。我們激烈地拒絕老化的過程，並且向那些似乎能夠逃避歲月留痕的人喝采。雖然我們甚少人藉著整容手術、神奇面霜和草本治療——或者是赫克斯利世界中的真空震動機器和神奇藥丸——來追求永恆不變的外貌，但我們也必然不能平息我們追求永遠年青的渴望。往往甚至從我們欣賞一個六十歲女人竟然能夠維持二十歲般的外貌，來確認這種追求。我們憑著外貌來接納和拒絕自己。我們看不見超越外表的事物。或者我們相信，只要我們依附世界對年青和美麗的理想，我們便可以成為那永恆美麗的偶像，而這正是我們所崇拜的。

但我們的乳房仍然下垂，皺紋仍然出現。生活改變了，我們的身軀也有改變。沒有任何祝願可以恢復我們十年前的身軀和面容。同樣，任何程度的自恨也不能帶給我們一直很想要的身軀和面容。

雖然如此，一個不變的真理是存在的。

我們那位靈魂的愛人熱情地渴慕我們。這個世界的美麗會褪色，但祂是永恆的。任何數量的衣物和配件都不能滿足我們對美麗的渴求。我們身體的尺碼不能顯示我們真實美麗的深度。沒有一種髮型和外表特徵能指出神賜給我們的潛能。我們是為祂的榮耀而被揀選、被呼召，並且被分別出來。神對我們生命的安排並不是藏在一些不為人知的隱祕之處。我們的命運乃在於與祂的關係，祂是那位呼召我們屬於祂自己的。我們的命運在於認識真實美麗的旅程上。這個旅程就是要認識祂。

女性常常翻到箴言，要找出一個敬虔女人的仔細形象。箴言三十一章10至31節豐富地描繪一個追求神心意的女性的生命和品格。但箴言也呈現另一個擁有真實屬靈美麗的女人。

她比最珍貴的寶藏更令人渴慕（箴三14～15）。她為那些追求她的人帶來快樂（箴三13）。而且，她尊重那些擁抱她的人（箴四7～8）。她的名字是美麗。她的名字是智慧。

智慧向我們顯示美麗的真正定義。我們也藉著智慧能夠看見屬世美麗沒有價值。這個世界歪曲了神純正的創造，因為它告訴女性，美麗的定義就是有能力達到文化所定義的肉身完美，或者有能力刺激別人的性慾。但智慧為美麗恢復了它的純正。並且，就是這份純正、這種能夠超越世界的眼光，使屬乎智慧的美麗這般珍貴。因為世界的財富不能買它回來。

令到我們有害處的是，世界已經把女性的身分，等同於性別特徵和肉體外表的總和。然而，在神的心目中，女性是一份禮物。聖經說：「耶和華神就用那人身上所取的肋骨造成一個女人，**領她到那人跟前**」（創二22）。女性不是後來加添上去的。我們的一切都是神所設計的，為的是要榮耀祂。一個女人的美麗和性別特徵——正如神所計劃的——是她作為她自己的一個元素，卻並非她的全部。當我們容讓神來定義我們的美麗和我們的性別特徵，它們的固有能力便能把生命帶給周圍的人。然而，倘若我們刻意地把我們的美麗和性別特徵，從神心意中的目的中剔除的話，它們仍然是有能力的，但它們會變得具破壞性。

我們未能明白到一點，就是當我們在神心意中的目的以外，使用我們的美麗和性別特徵時，我們就會失去控制它們的能力。企圖利用美麗和性別特徵來得到能力，只會被奴役，不會有自由；只會被打敗，不會有勝利。相反，我們需要努力獲得智慧，使神所設計的美麗和性別特徵的能力能夠釋放出來。我們便有自由按著神的心意使用和享受它們了：

我有謀略和真知識；

我乃聰明，我有能力。
帝王藉我坐國位；
君王藉我定公平。
王子和首領，
世上一切的審判官，都是藉我掌權。
愛我的，我也愛他；
懇切尋求我的，必尋得見。
（箴八14～17）

智慧帶領我們活出神在美麗方面的設計。因此，智慧容讓神的能力在我們裏面流動。真正的能力來自追求神的智慧與美麗。

智慧的美麗能經得起生命的轉變和時間的消逝：「從亙古，從太初，未有世界以前，我已被立。」（箴八23）當神用說話叫世界成為實體時，智慧和美麗便是那根基。那麼，我們為何還要追求那世界上脆弱而破碎的美麗呢？

要尋求智慧，並讓她教導你如何平息那些聲音，因為它們不能反映你在基督裏是誰的真相。要聆聽神的聲音，因為祂呼召你作祂所愛的人。

要尋求智慧，並讓她教導你去愛你自己。你是那個神所創造的女人。讓她教導你站立在敬畏中，驚歎神在創造你時的神蹟作為。

要尋求智慧，並讓她教導你如何對待你的身體，像對待基督的聖殿一般。要知道你是祂的聖所，祂是你的避難所。

要尋求智慧，並讓她教導你站在一個正確的觀點上。當你尋求她，她就會守護你的意念和更新你的思想。

要尋求智慧，並讓她教導你如何讓你的丈夫陶醉於他年青時所娶的妻子的身軀，而不是陶醉於他妻子年青時的身軀。讓他享受那真正的、真實的和獨特的你——下垂、腫脹、脂肪積聚等等。

要尋求智慧，並讓她教導你，你的生命會改變，並且你的身軀也會改變。讓她也提醒你，你所服事的是一位不變的神，祂從最初就已經愛你了。

智慧召喚你。她「在街市上呼喊，在寬闊處發聲，在熱鬧街頭喊叫，在城門口，在城中發出言語」（箴一20～21）。當你追求基督，追求智慧的時候，「尋找它，如尋找銀子，搜求它，如搜求隱藏的珍寶，你就明白敬畏耶和華，得以認識神」（箴二4～5）。正如全人類中最有智慧的所羅門也知道：「艷麗是虛假的，美容是虛浮的；惟敬畏耶和華的婦女必得稱讚」（箴三十一30）。

或者所羅門是在暗指一本古老以色列詩歌書的字句：「敬畏耶和華是智慧的開端；凡遵行他命令的是聰明人。耶和華是永遠當讚美的！」（詩一一一10）

神不會勸誡我們要尋求智慧，而又將它隱藏起來的。祂願意將智慧賜給那些願意遵守祂命令的人。那些願意祈求的人，神正等待要給我們智慧的恩賜——此時此刻的智慧、變遷時的智慧，以及一生的智慧。

要穿著整齊準備上路。容讓神的美麗像溫柔皺摺披在你的身軀上，並容讓祂的平安成為你頭上的冠冕。要把祂的智慧放在你腳前，讓它指引你每一步。最後，要微笑，因為你不是孤單上路的。

一個平凡的女人服事一位非凡的神。在她最軟弱的時刻，神透過她啟示祂自己。她已經決定容讓神使用她生命的碎片，來創造一些美麗的事情。她是能力的支柱，是一個面對變幻而信心仍然不動搖的女人。聖靈微聲對我說：「把你看見的說出來。」

我看見美麗。

她倚賴她的救主，她就找到恩典。她知道只有神可以支持她，她敬畏站立，堅決不放棄。她明白神的事情是惟一重要的事情。她尋求基督的事情，活出一個正直的生命。她是一個鬥士、 生存者，也是一個有力量的女性。

她就是你。

望進鏡子裏

個人反省

1. 你的人生經歷了甚麼轉變，而這些經歷是影響（不論是正面或是負面的）你對美麗的認識呢？解釋這些轉變如何影響你對自己的看法。

2. 寫出雅各書一章5節。

3. 讀雅各書三章17節。神的智慧有甚麼特徵呢？

4. 「就是蒙耶和華賜**智慧**聰明、叫他知道做聖所各樣使用之工的……」（出三十六1。補充研習，請讀出三十一3、6下，三十五26、31）。在舊約中，建造聖殿是主的作為，因為神賦予工匠有聖靈的智慧去努力作工。會幕是一個敬拜和美麗的地方。那些工匠要建立一個主的靈可以居住的地方。雖然他們全都是有技術的工匠，但認識他們能力的關鍵在於他們共同所分享的連結──他們都被賦予聖靈的智慧。他們願意使用神賜給他們的恩賜敬拜神，自然就會帶出會幕的美麗。在敬拜中尋索智慧，便會發現美麗。我們的生活亦然。在尋求敬拜主的時候，聖靈會賜給我們智慧，我們的生命便成為一個美麗的地方，成為永生神的靈的聖所。

寫一篇禱文，祈求神使用你生命裏破碎之處，創造一個美麗的地方，一個敬拜神的聖所。

5. 當你繼續這個旅程的時候，要謹記：「我深信那在你們心裏動了善工的，必成全這工，直到耶穌基督的日子。」（腓一6）

註釋

1. 屬世的美麗

1. Walt Mueller, "What You See Is What I Am," YouthCulture@Today Newsletter,Spring 2001, 18.
2. Stephen Crane, "I Saw a Man Pursuing," *American Literature: The Makers and the Making*, eds. Cleanth Brooks, R. W. B. Lewis, and Robert Penn Warren (New York: St. Martin's Press, 1973), 1652.
3. Mary Pipher, PhD, *Reviving Ophelia: Saving the Selves of Adolescent Girls* (New York: G. P. Putnam's Son, 1994), 56.
4. Mary Pipher, *Reviving Ophelia*, 56.
5. Alex Witchel, "Everybody Loves Patricia," *Ladies Home Journal*, March 2003, 126.
6. Guthrie, Motyer, Stibbs, Wiseman. eds., *The New Bible Commentary: Revised* (Grand Rapids, Mich.: Wm. B. Eerdmans Publishing Co., 1970), 1264.
7. William Wordsworth, "The World is Too Much with Us," *The Norton Anthology of English Literature*, Fifth Edition, ed. M. H. Abrams (New York: W. W. Norton & Co., 1986), 220.

2. 外面的聲音

1. Sandra Cisneros, *The House on Mango Street* (New York: Random House,

1984), 50～51.

3. 裏面的聲音

1. Nicole Johnson, *A Fresh Brewed Life* (Nashville: Thomas Nelson Publishers, 1999), 38.
2. T. S. Eliot, "The Love Song of J. Alfred Prufrock," *American Literature: The Makers and the Making*, 2102～2103.

4. 鏡子、鏡子

1. Nicole Johnson, *A Fresh Brewed Life*, 69.
2. F. Scott Fitzgerald, *The Great Gatsby* (New York: Simon & Schuster, 1953), 110～111.
3. Marvin Wilson, *Our Father Abraham: Jewish Roots of the Christian Faith* (Grand Rapids, Mich.: Wm B. Eerdmans Publishing Co., 1989), 13, 15.

5. 偶像與聖殿

1. Nathaniel Hawthorne, *The Scarlet Letter* (Evanston: McDougal-Little, 1997), 225.
2. Abraham Wright, "Pslam 139," *Psalms* (Grand Rapids: Kregel Publications, 1968), 640.

6. 新的觀點

1. John Keats, "Ode on a Grecian Urn," *The Norton Anthology of English Literature*, 823.
2. "Identity," *Webster's Ninth New Collegiate Dictionary*, 1989 ed.
3. Guthrie, Motyer, Stibbs, Wiseman. eds., *The New Bible Commentary: Revised*, 1039～1040.
4. Emily Dickinson, "The Soul Selects Her Own Society," *American Literature: The Makers and the Making*, 1243.

7. 查爾絲所造成的身體

1. Charles Haddon Spurgeon, "Psalm 139," Psalms, 637.
2. Holly Robinson, "Body Blues," *Parents Magazine*, August 2002.
3. Holly Robinson, "Will I Ever Have Sex Again?" *Parents Magazine*, January 2003, 62.
4. Holly Robinson, "Will I Ever Have Sex Again?," 62.

8. 模範人物

1. Mary Pipher, PhD, *Reviving Ophelia*, 55.
2. Mary Pipher, PhD, *Reviving Ophelia*, 40.
3. Paul Robertson, "My Trip Through Seventeen," YouthCulture@Today Newsletter, Fall 2002, 14～15.
4. *Cosmogirl*! April 2003.
5. *Girls Life*, *Magazine,* February～March 2003.
6. *Seventeen*, April 2003.
7. *Cosmogirl*! April 2003.
8. *TeenVogue*, April～May 2003.
9. *Seventeen*, April 2003.
10. *Cosmogirl*! April 2003.
11. Express Clothing，廣告。2002年冬季於Augusta, Georgia的Augusta Mall，Express商店的櫥窗出現。
12. Express Clothing，廣告。2003年春季於Augusta, Georgia的Augusta Mall，Express商店的櫥窗出現。
13. *Teen People*, April 2003.
14. Paul Robertson, "My Trip Through *Seventeen*," 19.
15. Barbara Walters, *20/20*, ABC, New York, 14 February 2003, 10:00 p.m. EST.
16. Walt Mueller, "Justin and Christina: Innocence Lost or Truth Be Told?" YouthCulture@Today Newsletter, Spring 2003, 2.
17. Barbara Walters, *20/20*, ABC, New York, 14 February 2003, 10:00 p.m. EST.

18. Nicole Johnson, *A Fresh Brewed Life*, 81.

9. 在面容方面

1. Aldous Huxley, *Brave New World* (New York: Harpercollins Publishers, 1946), 138.
2. Aldous Huxley, *Brave New World*, 111.
3. Aldous Huxley, *Brave New World*, 153.

真善美叢書

按照聖經教導，重尋人生真善美。

恰到好處——活出均衡靈命的美德
Living the Spiritually Balanced Life: Acquiring the Virtues You Admire
雷・安德森（Ray S. Anderson）著／陳永財 譯／HK$63

戀愛靈旅——給戀人的靈修書
Devotions for Dating Couples: Building a Foundation for Spiritual Intimacy
賓・楊（Ben Young）、撒母耳・亞當斯（Dr. Samuel Adams）著／明朗兒 譯／HK$68

婚姻靈旅——給愛主夫婦同心操練的十項挑戰
Marriage Spirituality
保羅・史蒂文斯（Paul Smith）著／胡玉藩、伍美詩 譯／HK$58

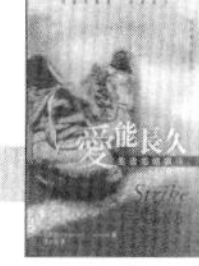

愛能長久——重建婚姻關係
Strike the Original Match
司韞道（Charles R. Swindoll）著／曾淑儀 譯／HK$83

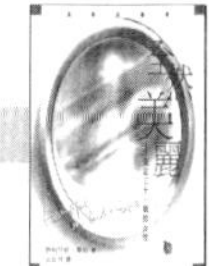

全然美麗——箴言三十一章的女性
Beautiful in God's Eyes
伊利莎伯・喬治（Elizabeth George）著／丘玉竹 譯／HK$83

路得的故事——女性生命中12個關鍵時刻
The Story of Ruth: Twelve Moments in Every Woman's Life
卓滌娜（J.D. Chittister）著／陳秋蓮 譯／HK$58

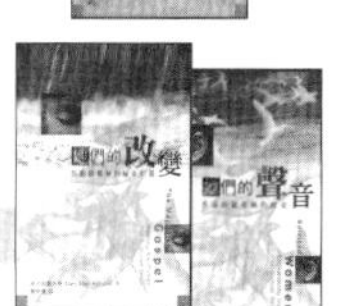

她們的改變——與跟隨耶穌的婦女相遇
The Magdalene Gospel
她們的聲音——再遇跟隨耶穌的婦女
Spirited Women: Encountering the First Women Believers
阿什克羅夫特（Mary Allen Ashcroft）著／陳秋蓮 譯／每本HK$63

終極英雄——男性的更新
曾立煌 著／HK$58

讀者意見表

緊扣時代　服事教會

以文字傳揚基督真道

衷心多謝你購買本社書籍。本社一直致力以出版事工服事教會，幫助信徒扎根於神的話語，促進靈命增長。為使我們的出版更能滿足你的需要，請填寫下列各項資料，並寄回或傳真予本社。

所購書籍：＿＿＿＿＿＿＿＿＿＿＿＿＿＿＿＿

本書最吸引你的地方：
☐作者　☐適切性　☐文筆　☐設計　☐實用性
☐其他：＿＿＿＿＿＿＿＿＿＿＿＿＿＿＿＿

購買本書地點：
☐基道書樓　☐基督教書店　☐非基督教書店

性別：☐男　☐女　職業：＿＿＿＿＿＿＿＿

信仰：☐基督徒　☐非基督徒

年齡：☐ 16 歲或以下　☐ 17～25 歲　☐ 26～35 歲
☐ 36～55 歲　☐ 56 歲或以上

學歷：☐中三或以下　☐中五　☐預科
☐大學　☐研究院

☐我欲更多了解基道出版社的事工及考慮支持，請寄給我下列資料：
☐機構簡介　☐新書資料　☐基道會員通訊
☐《基道文字事工通訊》

姓名：＿＿＿＿＿＿＿＿＿＿＿＿電話：＿＿＿＿＿＿＿＿

地址：＿＿＿＿＿＿＿＿＿＿＿＿＿＿＿＿＿＿＿＿＿＿＿
＿＿＿＿＿＿＿＿＿＿＿＿＿＿＿＿＿＿＿＿＿＿＿＿＿

傳真：＿＿＿＿＿＿＿＿＿　電子郵件：＿＿＿＿＿＿＿＿＿

其他意見：＿＿＿＿＿＿＿＿＿＿＿＿＿＿＿＿＿＿＿＿
＿＿＿＿＿＿＿＿＿＿＿＿＿＿＿＿＿＿＿＿＿＿＿＿＿

多謝賜教！

意見表可以傳真（2687-0281）或直接郵寄以下地址：
香港沙田火炭坳背灣街26號富騰工業中心1011室
基道出版社編輯部收